楚汉之争

◎ 主编　金开诚

◎ 编著　田凯鹏

吉林文史出版社

吉林出版集团有限公司

图书在版编目（CIP）数据

楚汉之争/田凯鹏编著.--长春:
吉林出版集团有限责任公司:吉林文史出版社,2010.11（2023.4重印）
ISBN 978-7-5463-4154-5

Ⅰ.①楚… Ⅱ.①田… Ⅲ.①楚汉战争-通俗读物
Ⅳ.①K234.109

中国版本图书馆CIP数据核字(2010)第222297号

楚汉之争

CHUHAN ZHI ZHENG

主编/金开诚　编著/田凯鹏

项目负责/崔博华　责任编辑/崔博华　高原媛

责任校对/高原媛　装帧设计/柳甫泽　张宣婷

出版发行/吉林出版集团有限责任公司　吉林文史出版社

地址/长春市福祉大路5788号　邮编/130000

印刷/天津市天玺印务有限公司

版次/2010年11月第1版　2023年4月第6次印刷

开本/660mm×915mm　1/16

印张/9　字数/30千

书号/ISBN 978-7-5463-4154-5

定价/34.80元

前　言

　　文化是一种社会现象，是人类物质文明和精神文明有机融合的产物；同时又是一种历史现象，是社会的历史沉积。当今世界，随着经济全球化进程的加快，人们也越来越重视本民族的文化。我们只有加强对本民族文化的继承和创新，才能更好地弘扬民族精神，增强民族凝聚力。历史经验告诉我们，任何一个民族要想屹立于世界民族之林，必须具有自尊、自信、自强的民族意识。文化是维系一个民族生存和发展的强大动力。一个民族的存在依赖文化，文化的解体就是一个民族的消亡。

　　随着我国综合国力的日益强大，广大民众对重塑民族自尊心和自豪感的愿望日益迫切。作为民族大家庭中的一员，将源远流长、博大精深的中国文化继承并传播给广大群众，特别是青年一代，是我们出版人义不容辞的责任。

　　本套丛书是由吉林文史出版社和吉林出版集团有限责任公司组织国内知名专家学者编写的一套旨在传播中华五千年优秀传统文化，提高全民文化修养的大型知识读本。该书在深入挖掘和整理中华优秀传统文化成果的同时，结合社会发展，注入了时代精神。书中优美生动的文字、简明通俗的语言、图文并茂的形式，把中国文化中的物态文化、制度文化、行为文化、精神文化等知识要点全面展示给读者。点点滴滴的文化知识仿佛颗颗繁星，组成了灿烂辉煌的中国文化的天穹。

　　希望本书能为弘扬中华五千年优秀传统文化、增强各民族团结、构建社会主义和谐社会尽一份绵薄之力，也坚信我们的中华民族一定能够早日实现伟大复兴！

目录

一、狂风一起　四海沸腾

（一）秦朝暴政之毒瘤

秦王嬴政从公元前238年亲自处理朝政时起到公元前221年的短短十七年间，凭借他强大的军事实力和远交近攻的对外战略，先后征服六国，结束了战国割据的局面，统一了全中国。他觉得自己平定六国，使天下得以一统，如果不改掉以前的"王"号，不能算是成功，也不足以流芳后世，于是命众大臣商讨。众大臣提议说："古时候的五帝只统治千里左右的地方，现在陛下已经灭六国，统一天下，五帝是不能与陛下相比的。我们听说古时候有天皇、地皇、泰皇，而数泰皇最为尊贵，所以我们认为陛下称'泰皇'最恰当。"嬴政思考了一会后决定去掉"泰"字，只采"皇"字，再跟五帝的"帝"字合并，称为"皇帝"，有功过三皇、德超五帝的意味。于是他当即下令废除谥法，自

称始皇帝，以后称二世、三世，乃至千万
世。

　　秦朝不同于夏商周的最大特点就是
建立了封建专制的中央集权政体。廷尉
李斯力排众议，主张废除分封诸侯的旧
体制，实行郡县制。秦始皇采纳他的建
议，宣布说："天下战争不息，就是因为
诸侯国各自为政。"于是分天下为三十六

郡，郡下设县。后来征服百越，又增设闽中、南海、桂林、象郡，共四十郡。一切国家大事都由皇帝决断，又设立丞相、御史大夫、太尉，称为"三公"，作为皇帝处理政治军事的助手。

秦朝疆域广大，东至东海，南至五岭，后又扩展到百越地区，西北以万里长城为界，长城西起临洮，东至辽东。秦始皇下令平毁战国时代诸侯各国在交界处所修建的长城巨堑、城郭要塞，从而消除了阻碍交通以及造成分裂割据的地理因素。他又以都城咸阳为中心，修建通向全国各地的行车跑马的大路即驰道。驰道宽五十步，用铁锥筑土，非常坚实平坦。驰道中央宽三丈，是皇帝独用的道路，两旁种松树。驰道对发展陆路交

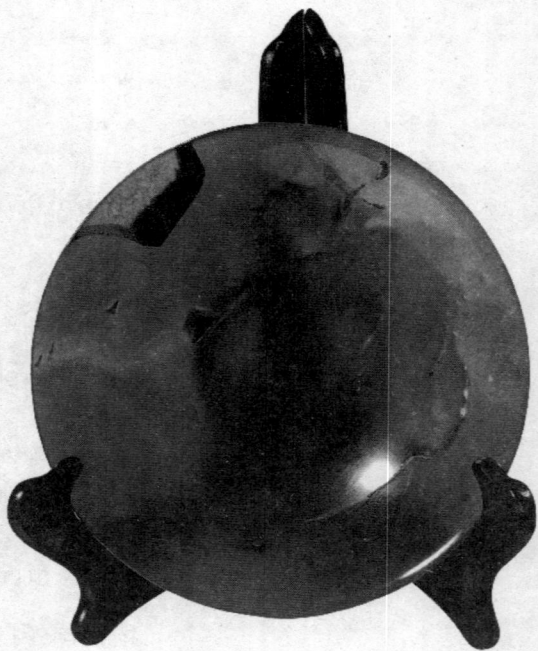

通起了巨大作用。秦始皇还下令疏通水路。首先是撤除各国所筑的阻塞水道的堤防，然后疏通加深"鸿沟"，联通黄河、淮河、济水、汝水、泗水等河道，以发展中原地区的水上运输。在吴、蜀、楚等地也大兴水利工程，构成了有助于经济发展的交通网络，收到行船与灌溉双重效益。其中最伟大的工程首推"灵渠"。

公元前214年，秦始皇为了经营岭南地区，任命天才的

水利专家史禄负责修建一条连接湘江与
桂江的人工运粮渠道。史禄测量地形，精
心设计，在湘江上游的江水中修筑一道
犁头形的石堤，把湘江分为南渠和北渠。
北渠水仍按原河道流向中下游，进入洞庭

湖；南渠水则越过高地跟桂江上游相通。

为了与桂江上游相通，史禄开凿了六十里长的人工渠道，渠道中修建若干个斗门，通过蓄水或排水控制船只升降，从而使湘江中的船只可直达岭南。这项工程号称"灵渠"。它的修建，在两广开发史与航运史上有着不可磨灭的历史功绩。

万里长城是中国古代最伟大的建筑。它成为中华民族坚强不屈的象征，很多抗敌名将被人们誉为"国家长城"；它有时也象征着保守落后，象征着与外族隔绝。秦筑长城，始于公元前214年。秦始皇派大将蒙恬率领三十万大军北击匈奴，夺取了河套西北部地区，设置四十四个县。接着又调集了大约五十万民工修筑长城。长城西起临洮，东至辽东，将过去燕国、赵国、秦国的旧长城连接起来，扩充延长，随地形起伏，蜿蜒一万多里，世称"万里长城"。蒙恬则率军驻扎在上郡，负责守卫。长城的建成，为中原地区防卫

游牧民族的侵扰构筑了一
道坚固的屏障, 在历史上
是具有积极作用的。所以
后代各个王朝都对长城进
行修复和扩建, 明代所修
长城至今仍完好地保存着
自嘉峪关至山海关一段的
大部分城墙。秦修长城曾
给劳动人民带来了深重的
灾难。凝结着人民血泪的长城歌谣, 在汉
代还广泛传唱。民众还创作了孟姜女哭
倒长城的故事, 控诉封建专制的淫威。

　　秦始皇统一六国后, 明令禁止民间
收藏武器, 并将没收来的武器销毁铸成
了十二个人像, 表现自己功绩的同时防止
人民反叛。为了钳制人民的思想, 他接受
李斯的建议, 下令除了《秦史》和关于农
业、卜筮、医药的书籍以外, 其他史书一
律焚毁, 百姓、士人私自收藏的经书和诸
子百家的典籍, 也全部由官府统一烧毁,

史称"焚书"。为了寻求长生不老之药，他派方士徐福率童男女数千人渡东海求神仙，耗资巨大。后来又因求仙药的侯生、卢生的逃亡，迁怒于儒生、方士四百余人，将他们全部坑杀于咸阳，史称"坑儒"。他为了巩固政权而发动的这一系列"焚书坑儒"运动，成为后世人点评他是非功过的一个重要依据。秦始皇以刑罚天下，推行严刑峻法以镇压人民。他置民怨载道、人心惶惶于不顾，仍然狂征暴敛，修秦始皇陵、建豪华的阿房宫和骊山墓，先后进行五次大规模的巡游，在名山胜水之地刻石记功，炫耀声威。他"苛政猛于虎"的残暴统治，使百姓过着悲惨的生活。在暴吏酷刑的逼迫下走投无路的农民，只有逃亡山林，谋划暴动。也许百姓的诅咒生了效，在公元前210年，秦始皇东巡到平原津时染上疾病。秦始皇忌讳讲死，群臣也不敢讨论后事。直到病危，才立遗书赐公子扶苏说：奔丧到咸阳办理丧事。遗书交给中车府令赵高加盖符玺，还未派使者送出，秦始皇便在沙丘宫去世了。丞相李斯担心秦始皇病死在外会发生叛乱，便秘不发丧，只有秦始皇的小儿子胡亥和李斯、赵高以及五六个亲信宦官知道。李斯把秦始皇尸体放在车中，命令百官像生前一样报告事务。天气炎热，尸体发臭，便买了一担腥臭的干鱼装在车中，以掩盖尸

体散发的气味。赵高曾教导胡亥办理案
件，两人关系密切。赵高曾犯罪，秦始皇
叫蒙恬的弟弟蒙毅审判他，蒙毅依法判
他死罪，却被秦始皇赦免。因此赵高痛恨
蒙家兄弟。于是怂恿胡亥说："扶苏做了
皇帝，你连尺寸的土地也没有啊。"又对
丞相李斯说："扶苏刚毅勇武，即位必用

蒙恬为丞相，朝中再没有你的地位。胡亥仁慈笃厚，可以即位。现在秦始皇的遗书与符玺都在胡亥手里，知情人只有您和我。您听从我的建议，可以封侯，子孙世世长享富贵；若不听从，定祸及子孙。您自己决定吧。"李斯屈从了赵高的谋略。

于是假造秦始皇诏书，命令丞相李斯立胡亥为太子，又造诏书给扶苏、蒙恬。责备他们不忠不孝，赐死。扶苏接到诏书便自杀了。蒙恬不肯自杀，被逮捕。胡亥回到咸阳，向天下发丧，即位为二世皇帝。赵高大权在握，杀了蒙毅、蒙恬，牵

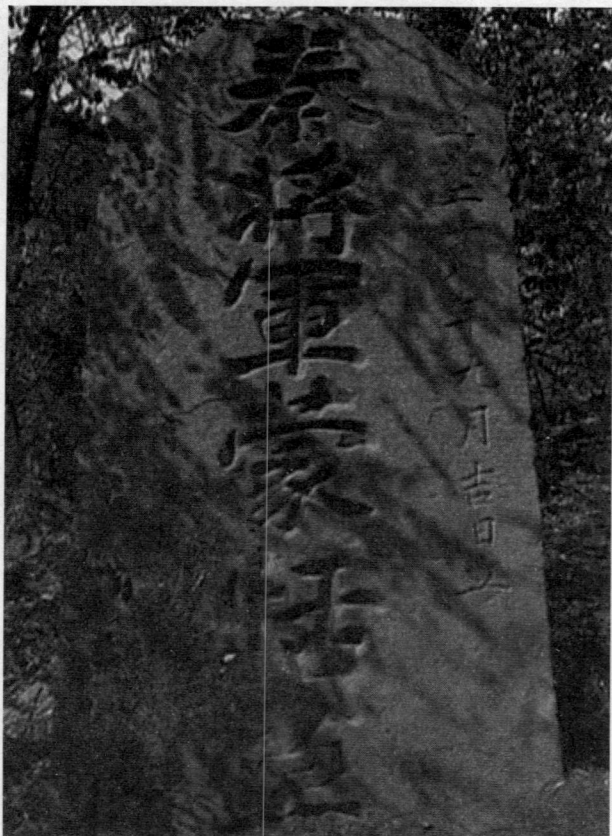

连被杀的群臣、家属不计其数。胡亥即位后更加重了对农民的剥削、压迫，使农民的困苦达到极点。大规模的农民起义一触即发。

（二）大泽乡风云乍起

秦朝末年，即公元前209年，秦朝的残暴统治使得贫苦农民在走投无路之下选择了铤而走险——发动了我国历史上

的第一次农民起义,即由陈胜、吴广领导的大泽乡农民起义。陈胜又名陈涉,因家中贫穷,十几岁就给财主家干活,受尽了地主的剥削和欺侮。他虽没读过书,却有非凡的抱负。一次在地头休息时,陈胜对他的伙伴们说:"咱们将来谁要是得了富贵,可别忘了今天的穷朋友啊!"大伙儿听了都感到可笑,还有个伙伴笑话他,他叹了口气,说道:"唉,躲在屋檐下的燕雀,怎会懂得鸿雁的远大志向呢?"

果然,秦二世元年,陈胜在调往渔阳戍守的九百人之中脱颖而出,与吴广共同被任命为屯长。吴广敢作敢为,乐于助人,武艺超群,与陈胜相识,同病相怜,很快就成了知心朋友。这九百人由两名身佩利剑的军官押送,不分昼夜地赶往渔阳。当时正值北方多雨季节,当他们走到大泽乡的时候,道路被瓢泼大雨淹没,只好停下来,等天晴了再走。陈胜、吴广计算了一下时间,无论怎样卖命地赶路都会误

期，而按照当时秦朝的法律，过了期限要全部杀头。于是，两人悄悄地商量对策，吴广认同了陈胜的说法：与其等死，不如起来造反为夺天下而死。同时二人也坚信，九百壮士和他们一样，都是受苦之人，只要登高一呼，必会群起响应。

有一天，吴广故意在两个军官喝醉酒后，跑去激怒军官，要求让大家散伙回去。那军官果然大怒，先打了吴广几鞭子，在拔剑要杀吴广时大伙儿一拥而上，抓住军官，吴广夺下军官手中的剑，反把军官刺死。陈胜也乘机把另一个军官打翻在地，一剑结束了他的性命。之后，陈胜把九百个壮士召集到一起说："诸位遇上大雨，都已误了期限。而按秦朝之法，误了期限是要斩首的，即使不被斩首，当戍卒的人十个就有六七个会死。身为男子汉，不死则已，死就要死得壮烈。王侯将相难道是天生的吗? 这天下, 咱们穷苦人也可以坐一坐。"九百壮士顿时沸腾起来, 心中的怒火也被点燃了, 于是戍卒们齐声高呼: "我们听您的指挥。"他们便诈称公子扶苏、项燕, 以从民望。于是, 陈胜和吴广领导大伙上山砍伐树木、竹子做成武器, 用泥土垒起义誓师的平台, 做一面绣有"楚"字的大旗后, 撕袖露臂宣誓。

大家公推陈胜为统帅，号称"将军"，吴广为副帅，号称"都尉"。他们很快就攻占了大泽乡。

由于各地老百姓被秦朝的官吏剥削得太苦，听到陈胜、吴广起义反秦后立即拿着锄头、扁担赶来参加起义军。陈胜、吴广带着起义军从大泽乡出发时队伍壮大了好几倍，打到陈县的时候，起义军已经发展成为拥有六七百辆战车、一千多名骑兵、几万名步兵的大部队。

起义军占领陈县几天后，陈胜派人招来了当地的豪杰，和他们共商大事。豪杰们都说："将军您披坚执锐，伐无道，诛暴秦，重新建立楚国的社稷。按您的功劳，应该为王。"陈胜乃立为王，国号为"张楚"。陈胜一当王，遍布全国的反秦力量就受到极大

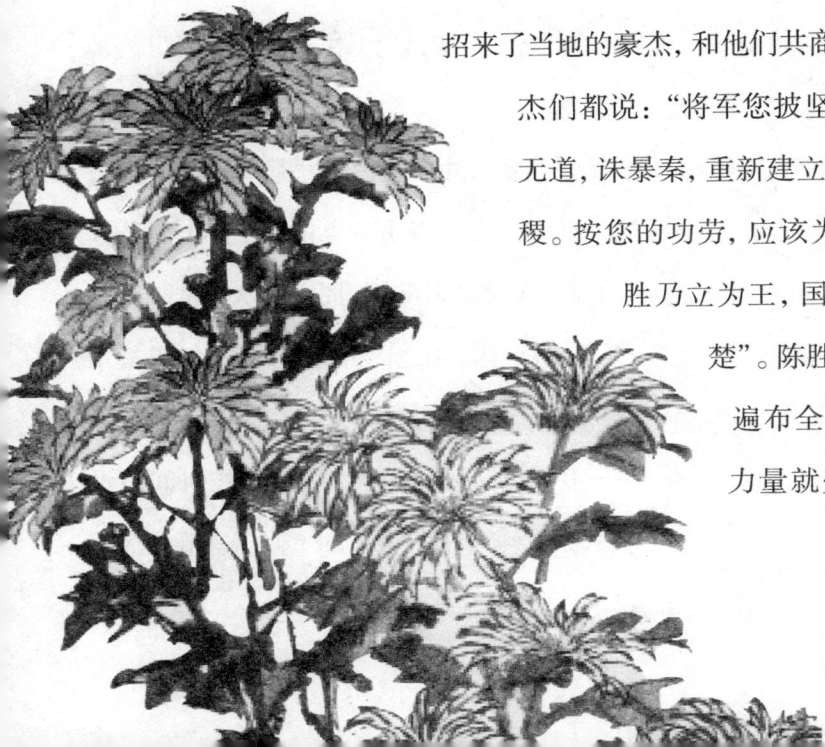

鼓舞。陈胜不失时机，派吴广率领部分军队攻打荥阳，派周文率领另一部分军队去攻打秦朝的京城咸阳，同时还派了另外一些人带兵攻打其他地方。周文见多识广，懂得点军事，作战很勇敢，他的军队一路势如破竹，攻打下了很多地方，并且又收纳了很多人，将部队发展到十余万人，一直攻打到距离咸阳百余里的地方。

秦二世顿时慌了手脚，赶紧派大将章邯把修造骊山陵墓的几十万人武装起来，向起义军反扑。周文的队伍本来就是临时组建，加之内部成员混乱，结果被章邯打败，周文被迫自杀。吴广率领的队伍很快将荥阳团团围住，却很长时间也没攻破，吴广自己也被部下假借陈胜之令杀

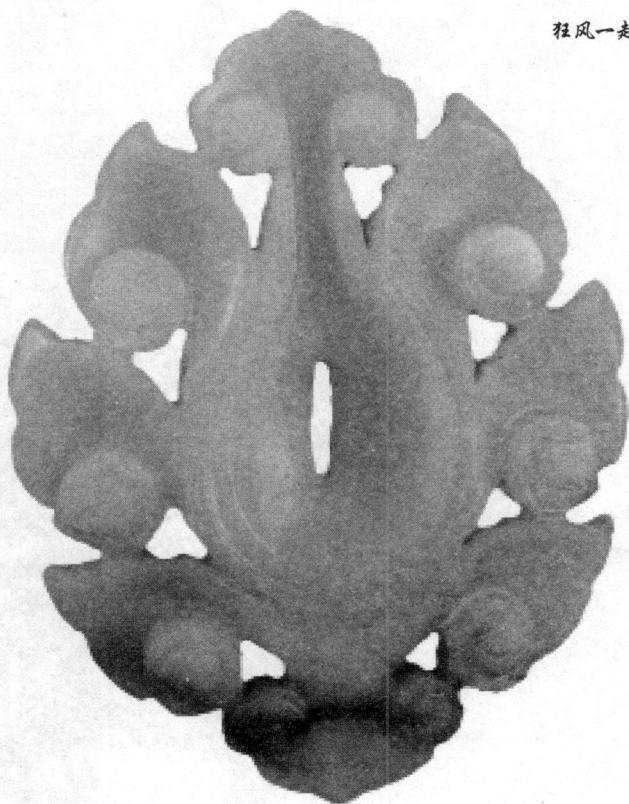

害。章邯在打败田减后又派兵攻打陈县，
而此时陈胜手下已经没有多少兵马了，面
对秦军的进攻只好向东南退却，结果却
被车夫庄贾暗杀。一位伟大的农民领袖
就这样死在了叛徒的手中。陈胜、吴广领
导的农民起义也就此失败了，但他们点燃
的农民起义的星火已燃遍全国。

二、破釜沉舟

（一）项梁、项羽起兵

威震天下的秦始皇在一次巡游路过吴中时，站在驰道两旁的百姓见到这戒备森严、豪华壮丽的车队，都屏住气息，不敢吭声。偏偏人群中一个身材高大的青年，瞪着一双炯炯有神的大眼睛，目光紧随始皇帝的车驾，脱口说道："哼，我看将来这倒是可以取而代之的！"年轻人话音还未落，嘴就被身旁一个壮年大汉用

手紧紧捂住了。大汉轻声喝道："不许胡说，这话被人听去，告到官府里，是要诛九族的！"说着，一把就将这个青年从人群中拉了出去，赶紧溜走了。

这个青年不是别人，正是后来的西楚霸王项羽，训斥他的那个大汉，是他的叔父项梁。项梁才能出众，不仅武艺高强，而且熟知兵法，他怕项羽招来大祸，匆匆把其拉走，心里却暗自高兴，认为侄儿胸怀大志，胆识过人，将来必有一番作为,他希望项羽能和他一样文武双全。项羽身材魁梧,力大惊人,连千斤重的大鼎也能举得起来,可就是不喜欢学习。为把项羽培养成才,项梁花费了大量的时间和精力,但项羽却屡次让他失望。教他练习书法,他不愿意用功;让他学习剑术,他也不肯努力。项梁生气了,斥责他道:"像你这样学文不成,学武不就,到底打算干什么?"小项羽倔强地说道:"读书写字,能够记记姓名就够了,我又不想给秦朝

去当笔吏。至于剑术,不过是和几个人对打,用处也不大。我要学就学那种能够横扫千军万马的大本领。"项梁听后转怒为喜,并向项羽传授用兵布阵的兵法。项羽一开始学得还挺带劲儿,可是略知大意之后,就不肯再深入研究了。

项梁和项羽本是出身豪门,可是秦朝为统一天下,消灭了楚国,使他们国破家亡。有一年,项梁在家乡一怒之下杀了人。为了躲避法律的制裁,叔侄只好逃离故土,避难吴中。吴中的豪门大户对项家非常敬仰,听说项梁到此,纷纷前来拜访,项梁又喜欢结交豪杰,接济好汉,所以很得本地豪强百姓的拥护。这样一来,

项梁很快成了吴中豪杰的领袖，连地方官也敬他几分。项梁是个有心计的人，他怀着国破家亡的仇恨见机行事，有意识地按照兵法调遣、安排手下人办事。一段时间下来，他心中渐渐有了计划，只要时机一成熟，他就会把手下的那些宾客子弟们按军人编制组织起来变成一支精锐的部队。

陈胜、吴广在大泽乡起义的消息不胫而走，很快传遍了全国各地。项梁和项羽听到了消息，万分高兴和激奋，对暗中

等待的他们来说，这无疑是天赐良机。于
是叔侄加紧了起义的准备工作。他们明
白，要想起兵，必须首先把会稽郡守除
掉。

有一天，会稽郡守突然派人把项梁
请到官府里询问事情，这可真是天赐良机
啊！项梁和项羽来到郡守官邸后，还没等
到郡守问话，项梁就命项羽用手中的佩
剑砍掉了郡守的脑袋。项梁一手提起郡
守的头，另一只手摘下郡守的官印，佩在
自己身上。郡守的部下卫士见状手持武
器蜂拥而至，项羽奋起神威，舞动宝剑，
一口气砍倒了几十个人。见项羽简直和下
山猛虎一样，剩下的那些卫士吓得丢魂

落魄，慌忙扔下武器，跪地求饶。项梁把官府里平日交往密切的官吏召集在一起，宣布了自己起兵反秦的决定。由于大家对项梁一向尊重，再加上旁边还立着个横眉怒目、手持利剑的项羽，那些官吏们一致拥戴项梁为会稽郡守，举兵讨伐暴秦、复兴楚国。项梁又召集当地的官员，表明了自己诛除暴秦的志向，大家听后都表示愿意跟随项梁干番大事业。

项梁拿到会稽郡的兵权后，首先到附近属县选拔八千名精兵，然后安排手下的宾客和吴中的豪杰充任各级官职，并任命项羽做副将，协助自己统率八千子弟兵，征略各县，稳定江东局势。不久之后，项梁、项羽带着这支队伍北渡长江，接着又渡过淮河。在进军途中，许多地方上的英雄率领队伍投到了他的旗下，使力量不断壮大，形成了一支六七万人的队伍。大军到了薛城，起兵后遭到挫折的刘邦，也带领了一百多人的队伍，来投奔

项梁。在这个陈王被叛徒庄贾杀死，张楚政权已经四分五裂的紧要关头，项梁俨然成为起义军的领袖，在薛城召开会议，决定把起义军整顿一番。项梁还接受了谋士范增所献的计策，拥立楚怀王的后代(在民间的牧羊娃当中找到的楚怀王的孙子)为楚怀王。消息传开后，果然又有很多人赶来加入项梁的队伍。而此时，原先齐、赵、燕、魏等国的旧贵族，也都在自己的土地上立国恢复名称，从此不再服从秦二世的统治。

(二) 巨鹿之战

薛城会议时，项梁被推举为起义军的首领。在打了几次胜仗，进入定陶后，项梁开始骄傲起来，放松了警惕。秦国大将章邯精通兵法，在公元前208年的一个黑夜里，他偷袭了项梁的军队，项梁战败身亡。

项梁的死使起义军遭受了很大损失，原来已经赶到雍丘的项羽、刘邦撤退到了彭城一带。章邯这时认为已把楚军主力打败，于是北上攻打自称赵王的赵歇。赵王败退到巨鹿，被秦军围困之际派人向楚怀王和其他几个称王的六国旧贵族求救。此时章邯命大将王离和涉间率秦军包围巨鹿，而自己则率秦军主力军于巨鹿城之南，在两军之间筑起一条甬道以保证王离军的粮草供应。陈余收恒山之时得兵数万，驻扎在巨鹿城之北，和城中遥相呼应。因兵力弱小，陈余不敢向秦军进攻，遂一面坚壁固守，一面派人向楚国和齐、燕等国求援。

项梁战死后，楚怀王和项羽、刘邦等人率余部退保彭城，又将项羽和吕臣等人所率之军统归自己直辖。接到赵国告急，便遣全部兵力救赵。因为在定陶之战前，宋义曾准确地预料项梁必败，楚怀王便召见宋义，和他交谈，认为宋义知道兵机，便以宋义为上将军，项羽为次将，范增为末将，率军救赵。诸别将如桓楚、英布、蒲将军等人，皆由宋义统辖，并号宋义为卿子冠军，以示尊崇。一面分遣刘邦向西略地，以袭扰秦军后方。谁知宋义是个胆小之徒，兵马行至安阳后，听说秦军声势浩大，就安营扎寨，不再前进了，屯驻安阳达四十六日之久，迟迟不与秦军决战。项羽耐不住性子，去跟宋义说："秦军包围了巨鹿，形势这样紧急，咱们赶快渡河过去，跟赵军里外夹击，一定能够打败秦军。"宋义却认为秦军势强，不敢进击，并回答说："若牛虻在牛背之上，自然可以一下把它打死。若牛虻深藏在牛毛之内，就要运用智谋才能达

到目的。如今秦军攻赵，若战胜赵国，士卒必然疲惫，我军可乘其弊。如果秦军战败，则我军可鼓行而西，一举攻破秦国。说到披坚执锐，冲锋陷阵，我宋义不如你；说到运用智谋，你不如我。"遂不采纳项羽的建议。接着，宋义还特地下了一道命令说："将士们打起仗来应当像虎狼那样凶猛，可要是不服从命令，一概都

得砍头。"这明明就是含沙射影地警告项羽，叫他乖乖地服从命令。项羽受了这番数落后，很是气愤。此时正值十一月，北方天气寒冷，加上军中缺粮，士兵忍饥受冻，都抱怨起宋义。项羽说："现在军营里没有粮食，但上将军却按兵不动，不顾国家，不体谅士兵，哪里像个大将的样子。"

一怒之下，他的火爆性子终于发作了。一天早上，他冲进宋义住的营帐，一剑砍死了宋义，然后向全体将士宣布说："宋义按兵不动，妄图谋反，我奉怀王密令，已经把他杀了。"将士们听说宋义已死，都表示愿意服从项羽的指挥。项羽杀掉卿子冠军宋义之后，威震楚国，名闻诸侯。楚军军心大振，于是，项羽决心渡河攻击秦军，乃派当阳君英布和蒲将军先率楚军二万人渡过黄河，向秦军进击。英布和蒲将军率军渡河后，先破坏了秦军补给线的甬道，使王离军中断粮。先锋部队渡过了漳河并牢固地占领了河的对岸。恰在此时，陈余派来求救的使者又到达军中，项羽便率全军渡河，并在渡过漳河之后，就下令凿沉渡船，打破烧饭用的锅子，烧掉营房，每人只准带三天的干粮，并对将士说："成败在此一举，三天之内必须将秦兵打败。这次咱们打仗，只准进，不准退，我们要和敌人血战到底，

不获全胜，誓不收兵。"项羽用这种办法来表示有进无退，誓死夺取胜利的决心，大大地鼓舞了全军的士气。成语"破釜沉舟"，就是指这件事情。渡过漳河后，项羽大军向北挺进，与秦军相遇，项羽指挥楚军把秦军包围起来，项羽骑马挂帅，上阵猛冲猛打。士兵也个个斗志昂扬，奋勇争先，无不以一当十。沙场之上，烟尘蔽日，杀声震天，直杀得山摇地动，血流成河。就这样，楚军势如破竹，三天里打了九次胜仗，经过多次交锋后，终于以少胜多，大败秦军。彻底断绝秦军甬道，杀死秦将苏角，俘虏了王离。涉间不愿降楚，投火自杀。这就是历史上有名的"巨鹿之战"。当时，诸侯之军救赵者，皆畏秦军之强，不敢向秦军进击。等楚军向秦军进击时，诸侯军将士都站在壁垒上观望，当他们看到楚军勇猛异常，楚军战士无不以一当十，喊杀之声震天动地时，诸侯军将士人人惶恐，战栗不已，从此楚军勇冠诸侯。击败秦军之后，项羽召见诸侯军将领，他们看到项羽，吓得连身子都站不稳，头也不敢抬起来。大家颂扬项羽说："上将军的神威真了不起，自古至今没有第二个。我们情愿听从您的指挥。"从此，项羽威震天下，俨然成为各路反秦军队的首领。巨鹿之围解除后，赵王出城谢诸侯，犒劳将士。

秦章邯军在巨鹿城南战败后，退至棘原。此时秦军兵力尚有二十多万，但士气低落，不堪再战。项羽和诸侯国之军驻扎在漳水北岸，休整士卒。秦二世以章邯军数次战败，遣人责备章邯，章邯恐惧，派其长交司马欣到咸阳请罪。司马欣到咸阳后，在司马门守候三日，都没见到赵高，又听说赵高有疑心，心下惊慌，便从他道逃回章邯军中。赵高果然派人追但没有追上。司马欣回到军中之后，对章邯说："赵高用事于中，下无可为者。战而能胜，赵高必妒忌我们的功劳；战而不能胜，我等必难逃一死。愿您仔细考虑。"

陈余也派人给章邯送信，历举秦将白起、蒙恬之死及投降之利害。章邯此时外受强敌压迫，内受赵高之迫害，狐疑而不能决，便暗中派人去见项羽，想投降，项羽不答应。两军相持六个月后，项羽知章邯内心已经动摇，但秦军尚众，想乘机彻底击败秦军，便遣蒲将军先率军向南日夜急驰，渡过三户津，屯于漳水南岸，以切断秦军南退之路。恰好秦军一部迟至此地，当即被蒲将军击败。章邯见局势不利，便率全军向南撤退，项羽遂引全军渡河，向南追击，又大败秦军。章邯在连败之下，又派人见项羽，重申愿意投降。项羽因为楚军粮食所剩不多，便接受了章邯的投降。章邯投降后，项羽立章邯为雍王，置之楚军之中，然后率全军向西进入关中。

三、赤帝之子

（一）布衣发迹

刘邦是沛县丰邑人，他的父亲人称刘太公，母亲人称刘婆。传说刘婆有一次在一个大水池边休息，不知不觉睡着了，在梦中，她梦见自己和一个神人相遇。当时电闪雷鸣，刘太公担心她出事，四处寻找她，找到她时却见一条蛟龙盘在她的身上。不久，刘婆有了身孕，生下了一子就是日后的刘邦。有一年，刘邦服役来到

了咸阳，那里繁华的街道、巍峨的宫殿、高大的城墙让他大大长了见识。后来见过秦始皇巡游天下的威风，他十分羡慕地赞叹说："大丈夫活在世上就应该这样！"秦始皇末年，骊山陵墓的工程越来越浩大，刘邦奉沛县县令的命令，押送本

县一批民夫去骊山做苦工。在去骊山的路上，民夫不断地逃跑，刘邦想管也管不住，很是发愁。他一个人喝闷酒时心想："等走到骊山民夫差不多就跑光了，交不了差，就得死，何不现在就各自逃生呢？"想到这里，他把民夫们都叫醒了，然后解开拴着他们的绳子让他们各自寻找活路。大家见刘邦一片真心，不由得感激涕零。

这时一个人问刘邦："把我们都放了，您自己怎么交差呢？"刘邦听了苦笑一声，说："还交什么差，我也要找个地方躲起来！"说罢，就催促大家，趁着天黑赶快逃，以免被官府抓到。有十几个性情刚直豪放的民夫看到刘邦这样豪爽大度，都不愿意离开他，并愿意追随他。

于是，刘邦和这十几个人便趁夜抄小路从丰邑西边的大沼泽地中穿行。走着走着，前面探路的人突然跑了回来，张皇地说："前面有一条大白蛇挡住了去路，没办法，咱们绕道儿过去吧？"刘邦这时借着酒劲说："壮士走路，还怕什么蛇！"他说完拔出宝剑，毫不惧怕地冲到大蛇跟前，一剑把蛇斩成了两截。民夫们看到刘邦如此勇敢，更加佩服他了。当时的人们都很迷信，白色的蛇谁都没见过，所以大家都认为一定是什么天降的妖物。现在刘邦根本不信这一套，竟把这妖物除掉了。所以大家都认为刘邦一定不是凡夫俗子。刘邦上山逃亡时，沛县的文书萧何和监狱官曹参知道刘邦是个好汉，很敬重他，就私下和他交往。

陈胜、吴广在大泽乡揭竿起义的消息传开以后，许多郡县的老百姓纷纷杀死县令，响应起义。沛县县令眼看着烽火遍地，唯恐自己也要变成秦朝的牺牲品。就想变守为攻，提出自己带头起义，响应陈王。萧何、曹参平日为县令所器重，又是本地有声望的人，县令便找他们来商

量这件事。萧何、曹参听了县令的打算后说道："您是秦朝派来的官，现在虽然声明要背叛秦朝，但要想率领沛县子弟起兵，恐怕乡亲们不会听命的。"于是二人提出了逃亡在外的刘邦是最适当的人选。县令觉得只好这样做，便派樊哙去寻找刘邦。

此时刘邦在山中已经聚集了一百来名好汉。他听到了陈胜起义的消息后，正筹划着攻打沛县县城的事，恰好这时樊哙来找他并把县令的想法告诉了他。刘邦觉得这是老天爷

送来的好机会，便马上率领这支小队伍
向沛县开来。却不料，沛县县令这时又后
悔了。他知道刘邦的名望，担心万一"强
龙压不住地头蛇"，大权落到刘邦手里，
自己早晚还是要成为砧板上的肉。于是
他急忙改变主意，下令把
城门紧闭，不放任何人进
城，并决定先把萧何、曹
参除掉，避免他们和城外
的刘邦勾结，里应外合，
事情就麻烦了。可是门卫
当中不少人都是萧何的私
交好友，县令的阴谋还没
来得及实行，就传到了萧
何、曹参耳朵里，他们两人

连夜翻出城墙，投奔了刘邦。

刘邦得到了萧何和曹参，简直像是猛虎添翼。几个人商议了一通，决定一不做，二不休，趁热打铁，立刻杀掉县令。刘邦找了几块白帛，写了几份书信，用箭射进城里。那信上写道："天下百姓被暴虐的秦朝折磨得太苦了，都想推翻昏暴的皇帝。如今诸位乡亲父老要是替县令守城，恐怕诸侯并起，沛县就要落个全城屠灭的下场了，诸位只有协力杀死县令，

选择贤能子弟立为一县之长，响应陈王义军，才能保全家园。"沛县父老见到这信，立刻串联起来，组织起一群青年，手执兵刃冲进县衙。县令猝不及防，做了刀下之鬼。百姓们打开城门，迎接刘邦进城，并推举他当沛县县令。大家都尊称他为"沛公"。

之后刘邦下令召集沛县的壮年，攻占了家乡丰邑，把丰邑作为他的根据地，以萧何、曹参、樊哙等做他的得力助手，并派雍齿留守丰邑，自己带兵攻打附近县城。还没等攻下多少地盘，他的部下就先叛变了，独占了丰邑。刘邦闻讯，气得无心再攻取别的县城，立刻回兵收复丰邑，可是由于兵力太少，连攻了几天，丰邑也未被攻克，只好暂时作罢。不久，他到了留城，正好遇到张良也带着一百多人想投奔义军。两人相遇后，谈得非常投机。经过商量后，两人觉得起义队伍中只有项梁声

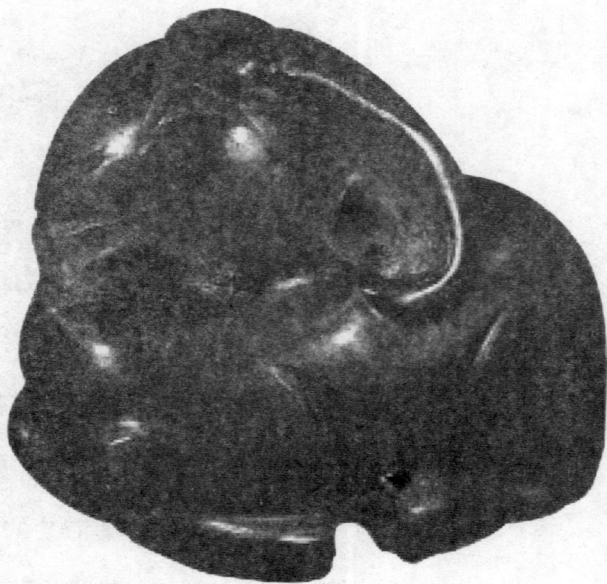

势最大，就决定去投奔项梁。性情豪爽、豁达大度的项梁见刘邦器宇不凡，很是器重，还拨给他人马去收复丰邑等地。此后，刘邦、张良都成了项梁的部下，归属项梁之后才一个多月，便参加了项梁在薛县召集的大会。

（二）约法三章

楚怀王因为对项梁、项羽早有不满，

所以想借赵国需要援助之机报复一下项羽。他明知道项羽一心想第一个攻下咸阳，却派宋义带着项羽、英布等北上去救赵，让刘邦去攻打咸阳。随后楚怀王就承诺将来谁能首先打入关中，谁就当关中王。

刘邦一路引兵西下，由于秦军主力被牵制在巨鹿，他采取避实击虚的战略，

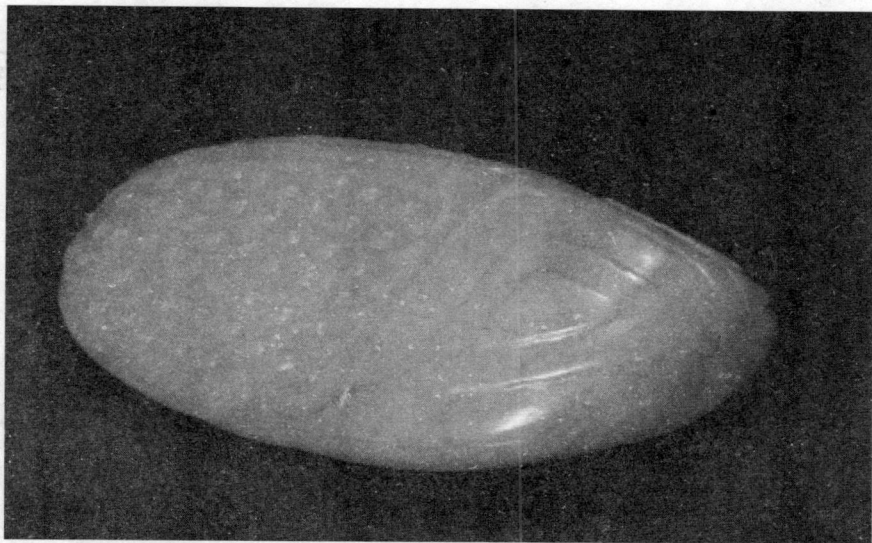

并没有经过多少激烈的战斗，一路上势如破竹。当军队打到高阳时，北方传来了项羽大破秦兵于巨鹿，章邯已带二十万人投降项羽的消息。这时有个读书人来投奔他，此人就是郦食其。刘邦平日不喜欢读书人，便派人回绝道："现在是战争时期，不见儒生。"郦食其生气了，他对管事的人说："你给我进去报告，老子是高阳酒徒，不是儒生。"管事的人赶快进去报告，刘邦就叫人把郦食其请了进来。当时刘邦正在洗脚，没有站起来迎接。郦食其

向刘邦作了一个揖后，劈头就问："你究竟要不要推翻秦朝，夺取天下？你为什么轻视长者？"刘邦听了，赶快穿上鞋，对他很是敬重。郦食其看到刘邦能接受意见，就献了一条计策，建议刘邦去进攻陈留。刘邦采纳了这个意见，带兵攻打下陈留，得到了许多粮食，解决了军粮不足的问题。

接着，刘邦的军队向西南进军，打到了南阳郡，把那里的重要城市宛城包围起来。后来他又采纳别人的意见，引诱南阳郡守投降，并且封他为殷侯。这种手段很有效，此后刘邦的军队所到之处，秦军

纷纷投降，于是刘邦很快到达驻离咸阳不远的霸上，下一步就可以攻取咸阳了。

公元前207年，秦王子婴带着秦朝的大臣，拿着皇帝的玉玺、兵符和节杖向沛公投降。秦王朝就这样在农民起义的浪潮中灭亡了。刘邦在将士的陪同下，来到了规模宏大、构筑精良的阿房宫内，豪华的摆设和稀奇古怪的珍玩罗列四周，简直目不暇接。还有许多美丽的宫女娇怯地前来迎接。他只在宫里待了一会，便迷恋不已，简直不想离开了。樊哙和张良看到这种情景，竭力劝说刘邦应暂时放弃享受，以打天下为重，贪图享乐只会失去民心，导致失败，而且六国的旧贵族都向咸阳打来，千万不可大意。刘邦听从了他们的劝谏，退出了阿房宫。

为了安定社会秩序，刘邦把咸阳一带有名望的父老请来，对他们说："这些

年来，老百姓被秦朝残暴的刑罚害苦了。现在我跟大家约法三章：第一，杀人者必偿命；第二，害人者必治罪；第三，偷盗财物者必治罪。除此三条以外，其余秦朝的严刑峻法一概取消。"之后刘邦要手下人到各地去宣布这三条法令。从此，刘邦深得民心，受到百姓的拥戴，人们争先恐后送牛羊酒食去慰劳他的军队，但都被刘邦谢绝了。刘邦说："粮仓里有粮食，请百姓不必费心了。"这样一来，百姓对他更有好感了。正是从那时候起，刘邦的军队给关中的百姓留下了美好的印象，百姓都希望刘邦能留在关中称王。刘邦与关中百姓的约法三章为他日后打败项羽奠定了坚实的基础。

（三）项庄舞剑，意在沛公

项羽在巨鹿打败了秦军，并接受了
秦朝大将章邯的投降后，紧接着就向咸
阳进军。途中，得知投降的秦兵心里不
服，就起了杀心。一夜之间，竟把除了章
邯等几个降将外的二十多万秦兵都活埋
了。他的残暴从此出了名。当他听说刘邦
已经进入关中时，很是气愤，觉得自己功
劳比刘邦大，本领比刘邦强，本应该先进

咸阳，当关中王，却被刘邦抢先一步。于是立即引兵赶往关中。当大军到了函谷关时，守关的将士不肯放行，说："我们奉沛公的命令，不论哪一路军队，都不准进关。"项羽一气之下，命令将士猛攻函谷关，刘邦兵力少，没多久就被项羽攻破关口。项羽大军在离霸上约四十里的鸿门驻扎下来。

两军驻扎下来后，谋士范增对项羽说："刘邦以前是个既贪财又喜欢美女的

人。如今进关以后，财物和美女都不要
了，依我看，他的野心不小，恐怕要跟大
王争夺天下，您不如趁早下手，除掉他算
了。"在项羽还没有做出决定的时候，刘
邦手下的左司马曹无伤偷偷派人来给项
羽送信说："刘邦想在关中做王，他准备
拜秦王子婴做相国，把秦朝宫廷里的一
切珍宝都占为己有。"项羽听到这个消息
后火冒三丈，决定第二天一早就派兵攻打
霸上，消灭刘邦。项羽的决定，惊动了他
的叔父项伯。项伯和刘邦手下的张良是
好朋友，就连夜赶到刘邦军营里去通知

张良，叫张良赶快逃走。张良把项伯的话转告给刘邦。刘邦一听十分惊慌，急忙在张良的帮助下，热情招待项伯，并对项伯说："我自从进关以来，什么东西都不敢动，只是登记了官民的户籍，查封了秦朝的仓库，日日夜夜盼望项王的到来。我派些军队把守关口，也只是为了防止盗贼，绝对没有抵抗项王的意思。您务必在项王面前替我美言几句，请项王不要听信谣言啊。"为了表示对项伯的友好，刘邦还当场把自己的女儿许配给项伯的儿子，两人结成了亲家。项伯于是答应了刘邦的请托，并嘱咐刘邦第二天清早到项羽大营里去谢罪。刘邦满口答应。当晚，项伯就赶回军营，把刘邦的话都转告给项羽，并且说："如果不是刘邦先打进关来，难道你能如此轻易就进来吗? 人家立了大

功，你反而要攻打他，这是没有道理的。
倒不如趁明天他来谢罪时，好好款待他
一番。"项羽同意了。

第二天清早，刘邦带了张良、樊哙等
将士到鸿门来见项羽。刘邦装作十分诚
恳的样子对项羽说："当初我和将军商定
好一起攻打秦军，我自己也没有料想到
能够先打进关中，攻破咸阳，今天又在这
里和将军见面。听说有些小人在将军面
前造谣中伤我，挑拨将军和我的关系，

希望将军不要听信这些谣言。"项羽这时天真地相信了刘邦谦卑的道歉，心中怒气烟消云散，还毫不避讳地告诉刘邦："都是你的左司马曹无伤跟我讲的，要不然，我何至于误会到今天。"于是项羽叫人摆上酒席，宴请刘邦，表示和好。宴会上，项羽和项伯坐在主位，范增在旁边作陪，刘邦坐在客位。项羽举杯劝刘邦喝酒，态度越来越和气。亚父范增这时一再地对项羽使眼色，想让项羽对刘邦下手，

而项羽却默不作声。范增急了，找个借口出去，把项羽的堂兄弟项庄叫来并吩咐他说："项王的心不够狠，始终下不了杀刘邦的决心。你进去以敬酒为理由，舞剑助兴，趁机杀掉刘邦。否则，你们这些人将来都会落在刘邦手里。"项庄真的进去给刘邦敬酒，敬完酒以后说："今天项王请沛公喝酒，我给大家舞一会儿剑，热闹热闹吧。"说完就舞起剑来。他那把寒光闪闪的宝剑直指刘邦，越舞越近，吓得刘邦身上直冒冷汗。项伯看到项庄不怀好意，生怕他的亲家刘邦吃亏，便也拔出宝剑说："一个人舞剑没有意思，两个人对舞才热闹。"说完，占了刘邦面前的那块地盘，也舞起剑来。项庄的剑向前对着刘邦的时候，项伯就用自己的身体掩护着刘邦，使项庄无法下手。张良感到形势非常危急，也找个机会溜出去，对樊哙说："现在形势不妙，项庄拔剑起舞，看样子

想对沛公下毒手。"樊哙一听，马上提着宝剑，拿着盾牌，赶到宴会上，瞪着眼看项羽。项羽吃了一惊，一手按剑，问道："这是什么人？"张良回答说："沛公的车夫樊哙。"项羽说："真是一个壮士。"就当场赐他酒肉。樊哙谢过后大声地说："如今沛公先攻破咸阳，丝毫不取，还军霸上，等待大王到来。这样劳苦功高，您不但不加奖赏，反而想杀害他，简直是走秦王的老路，我认为大王不能这样做。"项羽一时想不出用什么话回答他，只好说："你先坐下来。"樊哙便坐了下来，项庄、项伯也都收了剑，紧张的气氛顿时缓和下来。

过了一会，刘邦起身要上厕所，招呼张良、樊哙陪同。刘邦决定不辞而别，叫张良留下，代他告辞，并要张良把他带来的一对白璧献给项羽，一对玉杯送给范增。刘邦带着樊哙等几个人抄近路很快就回到霸上，立刻诛杀曹无伤。张良估计刘邦已回到霸上时，进去对项羽说："沛公的酒量小，已经喝醉了，不能亲自来向大王辞行。他临行前交给我白璧一双，吩咐我敬献给大王，玉杯两只，是送给亚父范增的。"项羽说："沛公现在何处？"张良说："沛公已经早走一步，估计现在已经回到霸上军营了。"项羽收下白璧，放在案上。范增气鼓鼓地接过玉杯，扔在地上，用宝剑劈碎，然后长长地叹了一口气说："项王太幼稚了，真不值得替他出主意。将来与项羽争夺天下的，必定是刘邦这家伙。我们都等着做俘虏吧！"

四、楚汉争天下

（一）西楚霸王

鸿门宴后，项羽就率领大军，浩浩荡荡地进入了咸阳。秦王子婴虽然只不过做了几十天秦王，但他终究是秦朝暴君的代表。所以项羽一声令下，就杀了子婴，收集了宫中所有的财宝，抢占了宫中的美女，又火烧包括阿房宫在内的秦朝宫殿，火光三个月不熄。楚军中的很多士兵是江东子弟，如今跟着项羽，南征北战，杀了秦

王，认为大功告成了，应该回家过安稳的日子了。项羽见士兵们有思乡之情，又见大火之后，秦宫已成一片废墟，也没有什么可留恋的了，于是决定班师东归。有人劝项羽说："关中道路险阻，土地肥沃，是称霸的好地方，如果大王想夺得天下，不应该回江东。"项羽听后，满不在乎地说："富贵不归故乡，荣宗耀祖，犹如夜晚穿着锦绣的衣服走路，谁能知道呢？"项羽东归已定，有人就讥讽说："怪不得人们说，楚人是猴子戴王冠，成不了大事，

果然如此。"已经被胜利冲昏头脑的项羽
听到这种讥讽他的语言，哪能容忍，于是
将讥讽他的那个人扔进锅里煮了。

项羽自认为劳苦功高，战功卓著，灭
秦以后，他开始想入非非，决定分封王
侯，自己则称霸诸侯。不过要这么办，还
得请示楚怀王，因为楚怀王当时还是名
义上的首领。他为了使自己的称霸名正言
顺，就首先把楚怀王改称为义帝。表面看

来，帝比王大，有封王的权力，实际上所谓"义帝"，只不过徒有虚名，封王的大权完全操在项羽手里。

项羽以各诸侯军上将军的名义，集会各诸侯军的主将。在会上，项羽宣布："最初举事时，为了号召各地人民响应，必须借助各国诸侯以伐秦。我项家世代楚将，所以立楚后，诛灭暴秦。我叔父拥立怀王，今已定天下，可尊怀王为义帝，名义上统领天下诸侯。然而，今天之所以能推翻暴秦，四海平定，全靠诸位将相与我项羽三年来出生入死，浴血奋战，才最终获胜。灭秦定天下，全靠诸位将相与我项羽之力。义帝没有任何功绩，岂可坐享天下？我等理应分地封王，不知诸位将相意下如何？"

各诸侯军的首脑尽管联合反秦，但人人存有私心，都想封王封侯。他们听了项羽的话，当然非常拥护。至于那位傀儡义帝，完全是个摆设。于是项羽分割天下，当时封沛公为汉王，得巴蜀汉中地，都南郑。秦降将章邯为雍王，得咸阳以西地，都废邱。司马

欣为塞王，得咸阳以东地，都栎阳。董翳为翟王，得上郡地，都高奴。魏王豹徙封河东，号西魏王，都平阳。赵王歇徙封代地，仍号赵王，都代郡。赵将张耳为常山王，得赵故地，都襄国。司马卬为殷王，得河内地，都朝歌。申阳张耳嬖臣先下河南迎楚，为河南王，得河南地，都洛阳。楚将英布为九江王。楚柱国共敖曾击南郡有功，为临江王，都江陵。燕王韩广徙封辽东，改号辽东王，都无终。燕将臧荼从楚救赵，且随项羽入关，为燕王，得燕故地，都蓟等。共封了十八个王。另外，除了没有封田荣以外，成安君陈余因负气于张耳，隐退民间，没有跟随项羽入关，但他以贤著称，于赵有功，当时他在南皮县居住，项羽便赐封给他环绕南皮的三个县。

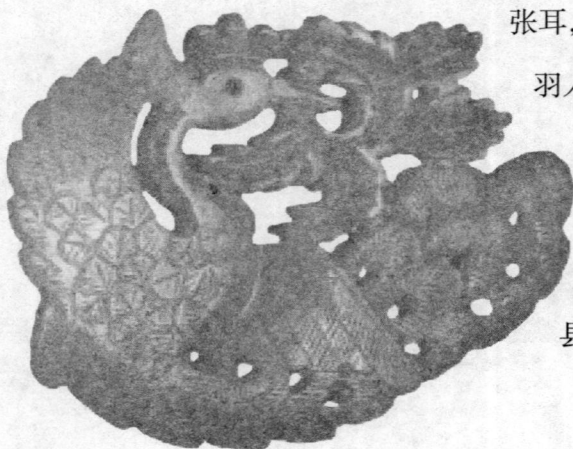

　　为了将来能够控制局面，项羽把一
些原来较大的割据势力给划小了，有的则
采取迁移的办法，在封王上，他完全按照
与他关系的亲疏远近来确定。项羽在分
封诸王过程中，觉得别人都好办，唯独刘
邦不好安置。若是遵照原约，应该让刘

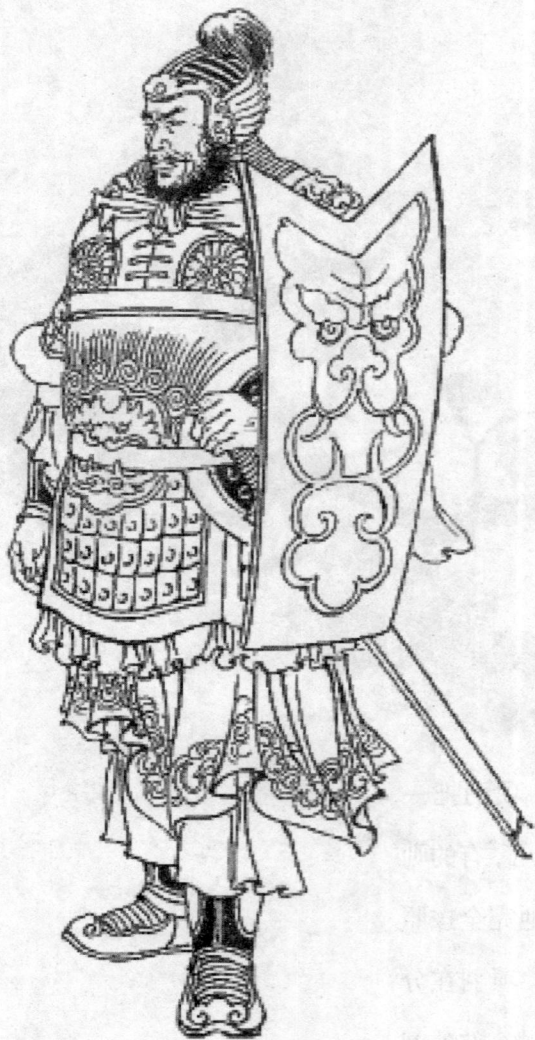

邦做关中王，可是，这里地势险要，土地肥沃，若封他在这里为王，他就如虎添翼，以后就更难对付了；可如果不这么办，项羽又不愿承担毁约的罪名，况且鸿门宴上又表示了和解，这可把他难住了。还是范增给他想出了一个办法，他借汉中也属于关中地区，把刘邦逐出关中，驱逐到偏远的巴蜀和汉中，并且封刘邦为汉王。巴蜀交通闭塞，易进不易出，便于封锁。项羽还不放心，又派秦朝降将章邯等镇守关中，防备刘邦。项羽自立为西楚霸王，凌驾于十八个王之上，有权号令诸王，并把彭城定为都城。

　　分封天下的前夕，各路诸侯纷纷想方设法打探消息，积极展开各种活动，以竭力使自己的封地更多更好。刘邦也是如此。项伯告知他被遣往偏僻的巴蜀之地，刘邦恼羞成怒："项羽无礼，居然背约？我要与他一决生死。"樊哙、周勃、灌婴等，也都愤愤不平，要去攻打项羽。独萧何进谏道："不可，不可。蜀地虽险，仍是求生之地，不致速死。"沛公道："去攻项羽，难道会速死么？"萧何道："实力悬殊，兵败怎能不死？汤武曾侍从纣，只为忍辱负重等待时机。今如果能占领蜀地，招贤纳士，休养生息，然后还兵关中，统一天下，也为时不晚。"沛公听了，稍平怒气，又转问张良。张良也赞同萧何的看法，但请沛公重金贿赂项伯，使他向项羽求取汉中地。沛公于是取出财物，派人送给项伯，请求加封汉中地。项伯私下帮助沛公，又可取财物，何乐而不为。便向项羽请求，项羽竟答应了，把汉中地封给沛

公，且改封沛公为汉王。路上，刘邦听从张良的建议，公开地烧掉走过的栈道，制造不再回关中的假象，以麻痹项羽，同时又可防止别人攻进来。这样一来，广大起义军用鲜血换来的胜利果实，都被割据势力瓜分了。分封完毕以后，各路诸侯分别带兵回到了自己的封地。项羽自称西楚霸王，打算还都彭城，占据梁楚九郡。一面派兵强迫义帝迁往长沙，定都郴地。郴地靠近南岭，没有彭地富庶。项羽欲自去建都，当然不会让义帝久住，所以逼走他。又派兵三万，借口护送沛公，让他向西入蜀。此外各国君臣，全部还镇。

这是灭秦以后首次大规模地分配权力。这次权力分配以灭秦之战中的功绩大小与同项羽关系的亲疏为原则，突破了原来必须拥立六国之后的规矩，是一次观念上的革新。秦末的农民起义始于陈胜、吴广的揭竿而起，历经无数次的失败，三年的前赴后继，终于埋葬了暴秦。

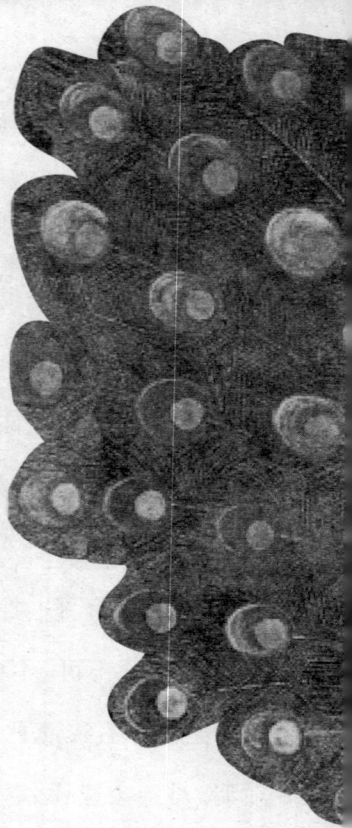

项羽继承陈胜的事业，没有复兴六国，而是根据各人在灭秦战争中功绩的大小，重新分配权力，摆脱了传统观念的束缚，在这一点上，项羽的气魄令人称赞。但是，从另一方面看，秦始皇原来所统一的天下又再次陷于分裂了。战国时代，天下有七国，而如今进一步被分为二十国。除了项羽所封的十八王之外，他自封为西楚霸王，拥有最多的辖地和最强的军事实力。还有个傀儡义帝，被徙置往郴州去当国君。貌似平静的表面下实则波涛暗涌。

这种分封方式本身就潜伏着动乱的因素。

（二）明修栈道，暗度陈仓

刘邦被逐出关中，封为汉王，管辖偏远的巴蜀和汉中。

张良和萧何劝慰刘邦要以屈求伸，先把拳头收回来，然后再打出去，这样才更有力量。刘邦只得暂时忍受，拜萧何为丞相，任曹参、樊哙、周勃等人为将军，休养生息，招揽人才，在巴蜀积聚力量，准备和项羽争夺天下。但是，士兵们不愿在这里久住，整天唱着思乡的歌，有士兵脱队逃走，也有将领投靠他主。愁

得刘邦吃不好，睡不安。有一天忽然又有人来报告，说萧丞相也逃走了，这可急坏了汉王。他想起萧何一直与他风雨同舟，相处得非常好，而且他知人善任，要是他走了我刘邦可怎么办？不料过了一两天，萧何突然前来拜见刘邦。刘邦见到萧何，喜怒交加，责骂道："别的将士逃亡，情有可原，我对你倍加重用，怎么也要逃走啊？"萧何见刘邦满面怒容，赶忙解释说："臣哪敢逃走啊，我是追赶逃走的人去了，因为时间紧迫，没来得及向汉王报告。""你追赶的是哪个人？"刘邦问道。萧何回答："是韩信。"接着诚恳地对刘邦说："诸将易得，举世无双的韩信却难求啊，大王若只想长久地在这汉中称王，韩信确实没有多大用处，大王如不想在汉中苟且安身，还要争霸天下，那韩信就是必不可缺的人了。这就看大王的志向如何了。"在萧何的举荐下，汉王终于拜韩信为大将，并举行了隆重的拜将仪式。

大将韩信

　　刘邦请教韩信："将军雄才大略，若我想统一天下，有什么好计策呢？"韩信向汉王详细地分析了当前的形势，认为能够和汉王争夺天下的只有霸王项羽。并建议汉王大胆地任用英勇善战的将士，对有功劳的人厚加封赏，注意笼络

民心，取得老百姓的支持。只有这样，才
能够打败霸王。汉王越听越高
兴，只后悔没有早
日重用韩信。

　　而与此同时，不
仅刘邦反对项羽，那些对封
地不满或根本没有得到封地的王侯贵
族，也纷纷起来争夺地盘。项羽被东方
的战乱所牵制，无暇首尾相顾，正好给刘
邦的发展造成了一个好时机。刘邦欣然
接受了韩信"明修栈道，暗度陈仓"的建
议，在陈仓大败章邯的军队。关中的老百
姓见汉军又回来了，便夹道欢迎。于是，
汉军势如破竹，很顺利地占领了关中大片
土地。不久，司马欣、董路也都投降了。
不到两个月的功夫，关中地区就全归刘
邦所有了。

　　项羽得知关中陷落，火冒三丈，暴跳
如雷。可是，这时的东方正处于硝烟弥
漫、一片混战的局面，项羽只能暂时放下

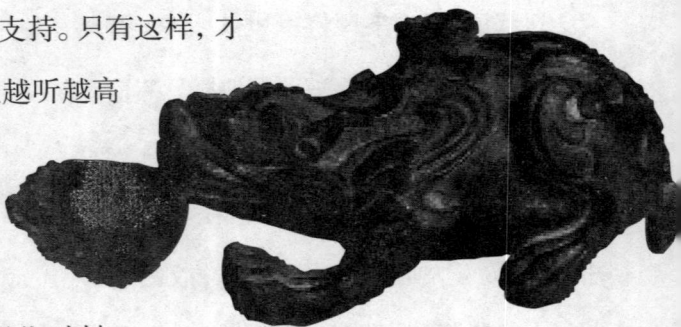

刘邦，先去平定东方，结果在荥阳大败田荣。项羽的军队打了胜仗后更加横行无道，在齐国境内焚烧房屋，掳掠妇女，活埋俘虏。齐国人民对这种残暴行为无比愤恨，纷纷组织起来，抵抗楚军，结果使得能征善战的项羽分身乏术。

与项羽相反，汉王刘邦收复关中后，却注意安抚百姓，恢复生产，还开放从前秦朝的园林，让农民耕种。这些措施很快就使刘邦在关中站稳了脚跟，开始图谋扩大地盘。他趁项羽陷在齐国的机会，一直向东方进军。首先打败了韩国，占领了河南的大片土地，接着渡过黄河，挥师东进，魏王不战而降。孤军作战的殷王更不是汉军的对手，被打得落花流水，也投降了刘邦。西线战事发生的这些急剧变化，搅得在齐国作战的项羽心神不安，于是刘邦决定趁楚军还在东方被困的时机，攻取项羽的都城彭城。

（三）彭城之战

公元前205年，汉王刘邦挥师南下，来到洛阳新城时，一个叫董公的老人向汉王建议说："'顺德者昌，逆德者亡，出师无名，事故不成'，只有出师有名，并且发出的是义师，才能取得胜利。我听说项羽不顾道义，杀死了义帝，这是不可宽恕的大罪。大王可借此名义兴师问罪。但单靠汉军，恐怕力量不足，请大王率领三军，身穿素服，并号召各路诸侯起兵为义

帝报仇。这样，大王不仅出师有名，而且四海之内都会仰望大王的恩德，前来响应。"

汉王接受了董公的建议，煞有介事地为义帝举行了隆重的发丧仪式。在仪式上，刘邦慷慨陈词，号召列位诸侯伸张正义，讨伐罪人项羽，除暴保国。这么一来，还真有好几个诸侯起兵响应。刘邦组织起讨伐项羽的五十六万大军，浩浩荡荡地向楚国开进，长驱直入，顺利地占领了江淮地区，彭城很快失守。项羽焦急万分，顾不得再与齐国对峙，亲率三万精兵，夺取彭城。由于刘邦麻痹轻敌，彭城又被项羽夺了回来。

刘邦率领几十万大军退到彭城东北的谷水和泗水时，就无路可走了。面对紧追不舍的楚军，汉军只有跳水逃命，因水深流急，人多拥挤，结果大部分都被淹死了。刘邦也被楚军层层包围，难以逃脱。正在这生死攸关的时候，突然刮起一阵

狂风，直刮得飞沙走石，天昏地暗。楚军顿时大乱，刘邦这才丧魂落魄地突出重围。逃亡中多亏夏侯婴的保护，刘邦的两个孩子也得以脱险。彭城一战，刘邦几乎丧失了全部兵力，迫使他不得不转攻为守。而楚军在这次战役中却以少胜多，使彭城失而复得，打了一场漂亮仗。

刘邦自彭城溃败以后，在荥阳重新集结队伍。萧何从关中征集了兵员和物资到荥阳，经过补充休整，汉军士气又振

作起来，于是摆开阵势，防备楚军的进攻。荥阳是关中和关东来往的必经之路，依山傍水，地势险要，进可以攻，退可以守。又有萧何镇守关中，不仅使刘邦无后顾之忧，而且还可以使汉军的兵员和物资源源不断地得到补充。于是，楚汉之间旷日持久的争夺战，便在荥阳一带展开了。

在对峙当中，刘邦在正面坚守荥阳，用少数兵力拖住霸王的大军。他一面派韩信带领兵马向北翼进军，消灭项羽的附庸势力；一面派萧何去南翼争取英布背楚联汉，牵制楚军；并派彭越扰乱楚军后方，使楚军处于四面受敌的境地。这便是刘邦统观全局的战略部署。

项羽得到英布背楚联汉的消息后，便发兵征讨英布，杀得英布军队无处可逃，只得投奔刘邦。这一下，项羽更是怒气难消，定要踏破荥阳以解心头之恨。他依范增之计，截断了汉军粮道，使汉军十分恐慌，只好提出求和。足智多谋的范增看出这是刘邦的缓兵之计，便劝项羽拒绝了和谈，使项羽决定加紧攻城。刘邦见求和不成，便采用了陈平的反间计，离间项羽和范增之间的君臣关系。项羽果然中计，对范增产生了怀疑。范增感到自己对霸王一片忠心，竟也受到怀疑，一气之下，愤然离开，回老家去了。因为他已年迈，又受了这样的委屈，一时抑郁难平结果死在回家途中。

项羽得知中了汉王的反间计后，一怒之下，向荥阳发起了猛攻。守城的汉军连日抵抗，已是筋疲力尽，再加上粮道被楚军断绝，形势更加紧张。刘邦想突围逃走，可是项羽已把城围得水泄不通。

一天夜晚，荥阳东门突然大开，两千名顶盔披甲的汉军，护卫着一辆黄顶车，从城里出来，高声传唤："城中粮食吃光了，汉王出城来投降。"楚军一听非常高

兴，纷纷涌到东门来，却发现面前都是女子。待到黄顶车走近楚营，才发现坐在车上的并不是汉王刘邦，而是他的大将纪信。纪信哈哈大笑说："汉王已从西门走了。"项羽知道受了骗，一怒之下将纪信活活烧死。项羽率兵进城，不料城中的汉军防守得仍很严密，只好转攻刚从荥阳逃到成皋的刘邦。成皋失守，刘邦逃走，荥阳战事更为吃紧。为解荥阳之围，刘邦听取谋士袁生的建议，改从武关一带分散楚军兵力，以减轻荥阳守军的压力。项

羽见刘邦领兵南下,以为他要趁机攻打彭城,想到这里,便传令将士立刻起营,追赶刘邦,昼夜不停地赶到汉军驻地附近,拉开阵势就要交锋。汉军则深沟高垒,坚守阵地,任凭楚军怎样叫阵也不出战,使项羽几十万大军无用武之地。正在焦急不安时,又接到报告称彭越的军队正在威胁彭城。项羽无奈,只好回去讨伐彭越,以解彭城之围。而刘邦却抓住项羽攻打彭越的机会,一举收复了成皋。

项羽刚从彭越手中收复一部分失地,听到成皋被汉王夺去的消息,又急忙回过头来攻打汉军,并一举攻破荥阳,占领成皋。可是,这时候项羽又得到情报说,汉王这时已深入到楚军的后方,配合彭越,烧毁了楚军储存的粮食物资,切断了楚军的补给线,很快攻下了项羽所占

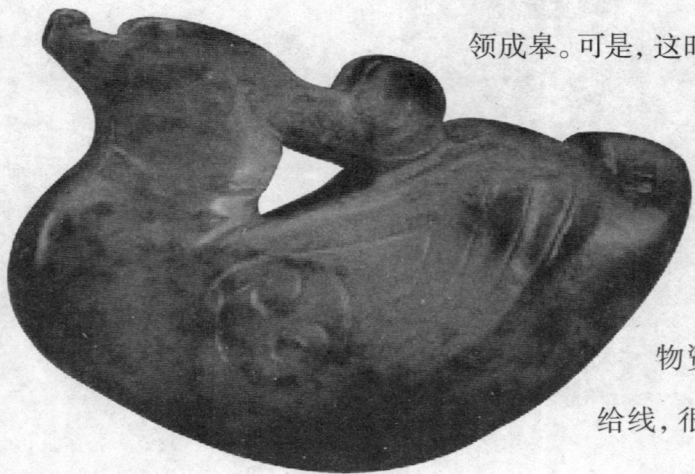

领的十七座城市。项羽气得咬牙切齿，决心再次东征。于是他把防守成皋的重任交给大司马曹咎，派钟离昧驻防荥阳，他自己则亲率大军，攻打彭越。刘邦却抓住时机，夺取了成皋，使楚军元气大伤。楚强汉弱的形势发生了根本的变化。

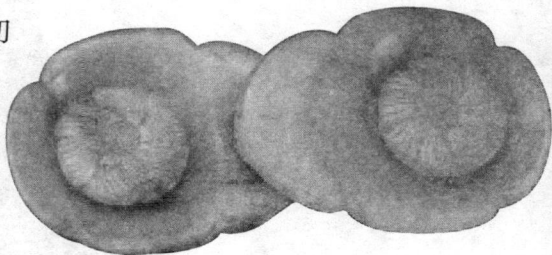

驻守荥阳的楚将钟离昧害怕汉军围歼，主动向东撤退，却被乘胜追击的汉军包围。项羽率领着大军赶到时，刘邦并不恋战，退到山中险要的地方去防守，避开楚军的锋芒。项羽想起刘邦的父亲和妻子还在他的军营里关押着，便在两军阵前，让士兵搬出一块杀猪用的大案板，把刘邦的父亲按在上面，威胁刘邦投降。刘邦见此情景大吃一惊，但他思考后却强作镇定地冷笑着说："我和你一块起义灭秦，曾结拜为兄弟，我的老子就是你的老子，如果你一定要把你我的老子做成肉羹，就请你分给我一杯尝尝。"项

羽没想到刘邦这样无赖，一气之下就要
动手，站在一旁的项伯赶忙劝阻说："楚
汉相争，胜负还很难预料，而且打天下的
人都是不顾家的。你杀了这个老头子，也
无济于事。不如留着他，还可以牵制刘
邦。"项羽无可奈何，只好听了项伯的劝
告。

（四）鸿沟划界

楚汉两军相持，长久不见胜负，但形
势的发展对项羽却越来越不利。特别是

粮食就要吃完了，长期的战乱使百姓身上
再也没有什么油水可以榨取了。项羽感到
形势不妙，他派遣壮士去汉军城前挑战，
见汉军按兵不动，便开始破口大骂，越来
越不堪入耳，旨在引诱汉军出战，好趁机
杀进城内。汉营中有一人，善于骑射。汉
王派他隔涧放箭。飕飕几声响，好几个壮
士被射倒了。此时，涧东忽然来了一位披
坚执锐的大王，他骑在马上，眼似铜铃，
须似铁帚，凶神恶煞一般，令人望而生
畏，再加上如晴天霹雳般的狂吼，把射箭
的人吓得双手颤抖，无力再射，两脚也站
不稳，连连倒退，后来干脆掉头就走。见

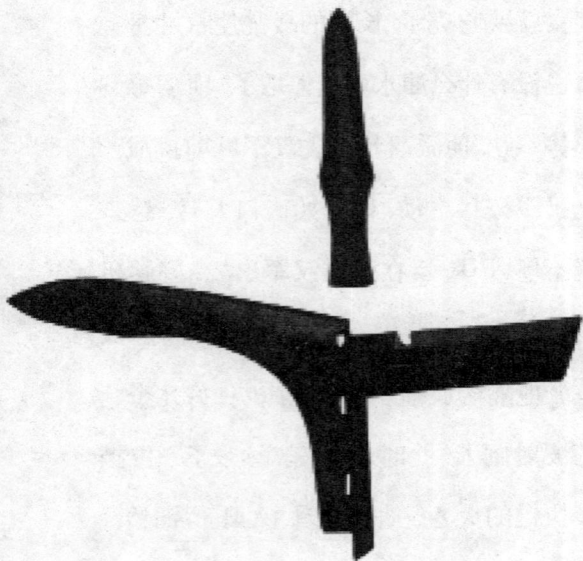

了汉王，仍心神不宁，说话含混不清。汉王派人察看敌踪，原来是项王在涧旁呼唤汉王。

项羽在阵前大显神威，楚、汉两军都印象深刻，认为他是天生的战神，而汉王刘邦却懦弱怕事。这严重影响了刘邦在人们心目中的形象。汉王尽管心慌，但又不能一直示弱，于是率兵出战，隔涧与项王对谈。项王又呵斥道："天下乱哄哄的不得安宁，都是因为我们连年打仗的缘故。我愿跟你单人挑战，比个高低，不要再让老百姓跟着受苦了。"刘邦却笑着说："我宁愿和你斗智，也不和你斗力。"又说："你不必逞能，犯下十条大罪，还敢如此嚣张？你无视义帝旧约，王我于蜀汉，罪一；擅杀卿子冠军，目无君主，罪二；奉命救赵，不闻还报，强迫诸侯入关，罪三；烧秦宫室，破坏始皇坟墓，劫掠一空，罪四；子婴已降，你仍杀死他，罪五；诈坑二十万秦降卒，累尸新安，罪六；分封部下爱将善地，却驱逐各国故主，罪七；流放义帝，自都彭城，又大肆占据韩梁故地，罪八；你曾事义帝主，居然派人假扮强盗，江南行弑，罪九；为政不平，背信弃义，天怒人怨，罪十。我仗义出兵，联合诸侯，诛灭残贼，应当派罪犯攻打你，难道你配与我打仗吗？"项王气得说不出话来，只向后一挥戟，便冲了上来。无数弓箭手一阵乱射，无数箭头飞越断涧，令汉王防不胜防。汉王正想回马，却被一箭射中胸部，疼痛难忍，差点坠落马下。幸好一旁的将士上前扶助，才牵转马，驰入营门。汉王万分疼痛，伏在马上，叫苦不迭。将士们赶紧慰问，汉王假装用手捂住足道："我足

趾中了贼箭!"左右忙扶汉王下马,拥至榻前休息。立刻传召医官,把箭头取出,敷了疮药。幸好创痕未深,尚得保住了性命。汉王中箭回营,项王深觉出了一口恶气,只因难越绝涧,进攻不便,无奈收兵回营。项王归营以后,注意打探汉营动静,打算等汉王死了,趁机攻打。汉营的张良对此早有准备,他入内帐探视汉王。汉王箭伤虽没痊愈,仍能勉强支持,于是张良劝汉王立即起床,巡视军中,以稳定人心。刘邦叫苦不迭,张良非但不安慰他,反而严肃地说:"大王,快起来! 军中士卒都传说你箭伤严重,卧床不起,楚大军就要来犯,人心不稳。这会严重影响我军的士气,这比你的箭伤还要重要! 快起来吧,巡行军中,安抚将士。不然,军队一垮,悔之晚矣!"

汉王便忍痛起来,裹好胸前的伤口,由左右扶上车,巡视一周。将士等正在疑虑,忽见汉王乘车巡查时面不改色,这

才放心镇守。汉王巡行完毕，感到疼痛难忍，命左右不回原帐，直奔成皋养病去了。项王得知汉王未死，仍巡行军中，不由得懊丧不已。自思进退两难，若长驻此地，粮尽兵疲，难以久持，正犹豫不决时，忽然传来消息称大将龙且阵亡。项王大吃一惊："韩信如此厉害吗？他杀我大将龙且，必定乘胜联合刘邦攻我！"于是又派人一探究竟，再作打算。

在此以前，刘邦派往北翼作战的韩

信，已于公元前205年攻破了魏国，随后
又消灭了赵国、降伏了燕国，到公元前
204年夏天，占领了齐地。在南翼，刘邦又
争取英布背楚联汉。楚军后方，彭越正进
行着游击战争。

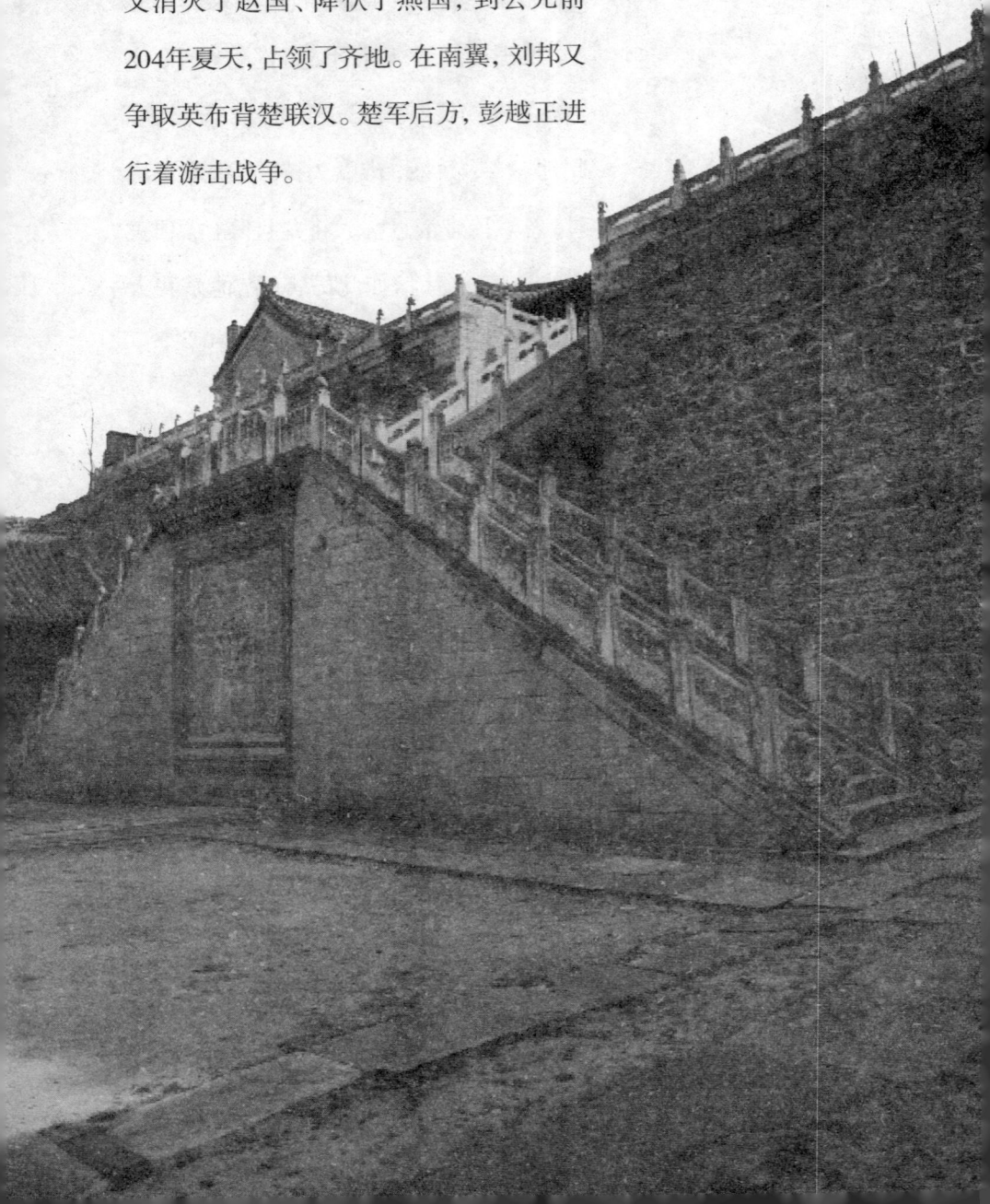

汉王连续数月坚守广武，一心盼望韩信到来，韩信却始终不来。于是立英布为淮南王，让他回到九江，拦截楚军。一面修书给彭越，让他截楚军粮道。部署完毕，又担心项王粮尽欲回，利用太公相威胁，或乘怒杀死太公，更觉可危。汉王立刻与张良、陈平商量如何救父。两人异口同声地说：“项王乏粮，必定退兵，正好趁机与他讲和，救回太公。”汉王道：“项王性情暴躁，容易动怒，必须派一个合适的人前去。”话还没说完，有一人自告奋勇道：“臣愿往。”汉王一瞧，乃是洛阳人侯公，多年从军，擅长应对，便欣然应允，嘱咐他谨慎从事。侯公便迅速进见项羽。

项王此时眼见粮绝，心急如焚，忽然听说汉营中派来使者，便仗剑高坐召见，侯公从容不迫地进来，见了项王，仍镇定自若。礼毕，项王对他说：“汉王既不出战，又不撤兵，今为何派你来此？”侯

公道:"大王是想战还是想退。"项王道:"我愿一战!"侯公道:"战事后果难测,何况长久对峙,早已人困马乏,臣进见大王是为了罢兵息争。"项王脱口而出:"你是要与我讲和吗?"侯公道:"汉王并不想与大王相抗,如果大王愿意讲和,保国安民,定当遵从。"项王怒气稍退,放下剑,问及议和详情。侯公道:"汉王有两项建议,一是楚汉两国,划定疆界,互不侵犯;二请放归汉王父太公,及妻室吕氏,使他们一家团聚,若能如此,自是感激不尽。"项王冷笑一声道:"汉王又想使诈?他想一家团圆,所以派你请和。"

侯公道:"大王知汉王为何东出吗?人人都有父母妻子,汉王遥居蜀汉,自然思亲心切,前次进占彭城,只是为了接回家人,后来听说家人被大王所拘,情急之下才与大王交战。今大王不愿议和也就罢了,如果议和,不如释放这两个人,不但汉王感激,誓不东行,连天下诸侯也会

赞颂大王的高风亮节。试想大王不杀人父，不污人妻，将抓到的人放回，则是仁义孝三全，三德俱备，声名远扬，如汉王食言，则大王有理，汉王理屈，古人有言：帅直为壮，曲为老。大王直道可纵横天下，而汉王又何足为惧。"

侯公滔滔不绝，道明和战利弊，句句在理。项王认为自己走投无路，汉王既然讲和，想必他暂不会出尔反尔。借此罢兵，也是善策。于是又召入项伯，与侯公确定国界。项伯本来向汉，愿意顺水推舟，以荥阳以东的鸿沟为界中分天下，鸿沟以西归汉，以东归楚。现在象棋盘上刻

写的"楚河汉界"正是由此而来。

虽然项羽提出和解，但刘邦还是听取了张良、陈平的劝告，乘胜追击，要消灭楚军。项羽痛恨刘邦负约，立即回兵把汉军打得丢盔卸甲。刘邦仓皇退守，看出只凭他亲自率领的军队恐怕难以取胜。于是命令正在齐国率兵据守的韩信迅速返回，参加会战，同时也借此机会对韩信加以控制。不料刘邦几次派人去催促韩信发兵，韩信却一直按兵不动，只是打发使者来对刘邦说："齐国虽然打下来了，可是这里的人诡诈多变，反复无常，南边与楚国为邻，难免发生叛乱。如果不让我做个假齐王，怕权力过轻，难于镇守。"刘邦初听大怒，但听了张良、陈平的劝告后权衡利弊，恍然大悟，立即让张良送去大印，封韩信为齐王。之后又封彭越为梁王，立英布为淮南王。果然，各路军马都纷纷向刘邦汇集，一起准备攻打项羽的军队。

楚汉战争的最后一场决战就要开始了。

五、胜者为王

（一）垓下决战

汉王刘邦驻扎在垓下北邑的汉军大营，与彭越的大营构成掎角之势。此时的汉王刘邦在中军帐内不断徘徊，不知韩信为何迟迟不来相会。韩信的齐军将负责攻击楚军主力。假如项羽主动撤至江南，楚军在行军途中势必拉长队伍，队形变薄，汉军便可趁机攻打。但是项羽没有退兵，而是在垓下建立防御体系，严阵以待，汉王刘邦反而不知所措了。以汉军现在的实力绝不敢强攻楚军。听说韩信大军已到达，为何现在仍不见人？"齐王驾到！"汉王的沉思被打断了，立刻出帐迎接。齐王韩信见了汉王，立刻跪拜行礼。刘邦连忙扶起韩信，携手进入帐内。

"你总算来了。"刘邦长长松了一口气，心情顿时变得很轻松。"臣奉命前来会师，全军约二十万人。"韩信十分谨慎地回答。刘邦心中焦虑，说道："霸王到底是霸王。项羽率军所到之处，犹如迅雷不及掩耳，汉军无人能敌。韩信，你的部下中有人能亲自率军出击吗？"韩信坦然答道："项王锐不可当，无人能敌。但是，如果巧妙利用阵势，及时调兵遣将，层层

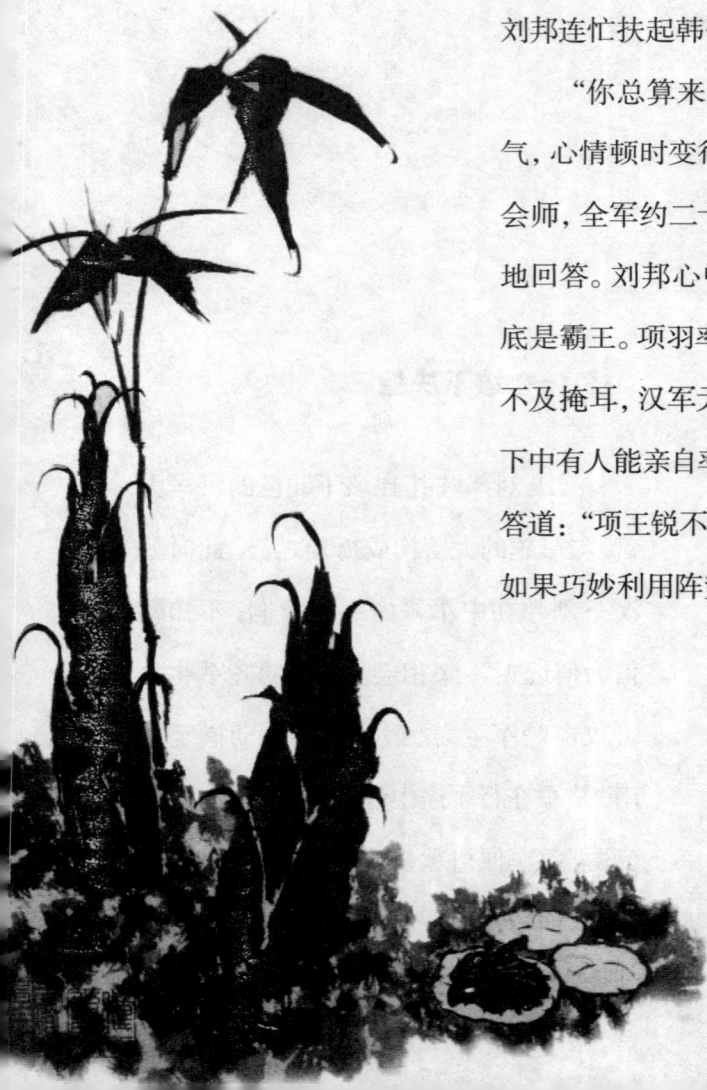

设防，那么，即使项羽气势再盛，我军也仍然能够抵挡。""什么样的阵势有如此巨大的威力，连西楚霸王的雷霆一击都能抵挡？"刘邦半信半疑。"五军八阵，十面埋伏。"韩信从容答道。刘邦有七年带兵打仗的经验，这些名堂却闻所未闻。他对此话十分好奇，问："怎么讲？"根据军事指挥的直觉，刘邦知道韩信是指怎样灵活、机动地调兵遣将的问题，凭借阵势及其变化，始终维持以多击少的优势，

能够弱化项羽所率之军的攻击，使其不堪一击。刘邦命韩信来指挥这次垓下之战。韩信以齐王身份担任汉军的大将，统一调遣全军。

韩信直接统领了三十万人用于垓下战场，他把汉军部署成五军阵，具体由韩信率前军为先锋，陈贺率左军，孔熙率右军，形成左、右两翼。刘邦居中率中军，由周勃、柴武率领后卫军。五军阵之后，另有骑将灌婴率领二十四队游骑。

韩信未曾与项羽较量过。汉军诸将个个都不敢迎击项羽，但韩信却一心想与项羽交战，将其生擒或斩杀，建功立业。他在自己的军营前布置了三道防线：第一道防线以重甲兵为主，弓弩手为辅，是一个步兵大方阵。由三个骑兵小方阵组成第二道防线，每个小方阵有二十队行动迅速的骑兵。中间的骑兵方阵

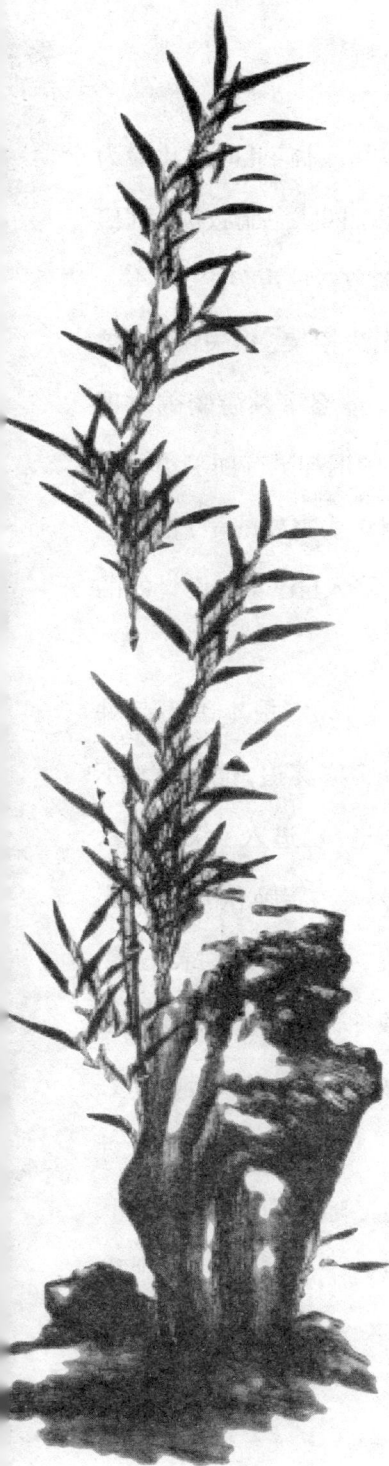

披重甲，持戟；左右两翼的骑兵方阵披轻甲，持弓弩，腰佩环首刀。车阵是第三道防线，以四十八辆轻战车构成核心，每辆战车都配备重甲兵。而楚军分为三军，将近十万人。项羽率领中军，处于前沿显眼的位置。此番他要亲自充当前锋，冲垮汉军，让韩信尝尝西楚霸王的厉害。项声、项梁分别统领左、右军，每军各近二万人，掩护左、右两翼。整个楚军摆成雁阵，两翼横向展开，排成左、右向后梯次配置的战斗队形。项王仅凭蛮勇，不善谋略，一听说敌兵逼营，立刻一马当先，迎敌汉军。楚兵随着项王全部出动，奋勇向前。两军交接，战斗了好几个回合，项王一挥横戟，部众个个舍生忘死，奋力杀敌。

刘邦获悉情况不妙，派出樊哙率兵支援韩信。樊哙率领的是由重甲兵、车兵、骑兵混合编成的方阵，多达五千人，有很强的战斗力。项羽率军连续发动两

次强攻，都没有成功，韩信此时才化险为夷。又有灌婴率二十四队游骑救援。韩信命灌婴率游骑加紧攻击项声、项梁两军。项声、项梁两军无法招架，损失惨重，被迫退回垓下大营。灌婴率领游骑围攻项羽。实际上，韩信的退却虽有项羽勇猛善战的因素在内，但更为主要的是，他要诱引项羽中计，使其陷入自己早已设计好的包围圈中。

项王平日百战不殆，根本瞧不起韩信，即便有人劝他穷寇莫追，他也充耳不闻。大概追了好几里，已进入了汉军埋伏圈，韩信便发放号炮，召唤伏兵先杀出两路，与项王交战一次。项王坚持不退，大战一场，突破汉军，仍去追杀韩信。但又响起了第二次炮声，又杀出两路伏兵，截住项王，又是一番厮杀，但最终又被冲破。项王勇往直前，随后炮声不断，伏兵如潮水般涌来。战场上的汉军尸横遍野，但汉军依旧源源不绝。项王突破重围，杀到第七八重时，部众伤亡惨重，所剩无几，项王也体力难支，逐步退却。不料韩信发放了号炮，十面埋伏，全面出击，围攻项王。楚兵纷纷落荒而逃，项王孤军奋战，毕竟寡不敌众。

项羽自清晨卯时出战一直到下午未时，足足拼了四个时辰，浑身上下鲜血淋漓。即便项羽神勇，也感体力不支。五千铁骑仅存不到一千骑，仍在奋战。汉军前赴后继，从未停止攻击。项羽见项声、项梁两军已经撤退，不能再掩护左、右两翼，仅靠自己孤军奋战，必定会吃大亏。韩信深藏人海之中，不见踪影。汉军人多势众，即便再损失一两万人，仍不会消减攻势。项王后悔莫及，只有命钟离昧、季布等断后，自己充当先锋，一声大喝，使汉兵胆战心惊，再挥舞长戟一触即毙。因此汉兵左右避开，项王得以逃生，退

回垓下大营。

项羽孤军作战，在垓下被围了十几天后，粮草断绝，又无救兵，陷入一筹莫展的境地。深冬的夜晚，寒风呼啸，吹得将士们透身冰凉。焦灼的项羽在这极端困难的情况下，苦思着对付汉军的办法，可是又无计可施。这时的他感慨万千，想到自己起兵东征西讨，消灭了强大的秦朝，称霸天下，如今这盖世的英名，赫赫的战功，眼看就要付诸东流了，自己竟也被逼到了这步田地，不由满腔仇恨，万分沮丧。此时，帐外的北风呼啸，忽高忽低，像是哭泣，又像是怒嚎。随着风声，忽听得四面传来一阵阵低沉凄楚的歌声，唱的全是楚国的曲调。项羽不禁大为吃惊，疑惧地说："莫非汉军占领了全部楚地吗？不然，汉军里为什么这么多楚人呢？"原来这是汉军谋士张良施的一计，他让汉兵唱楚国歌曲，

并用箫吹楚歌。夜深人静，阵阵歌声断断
续续地传来，楚兵听到楚歌，思念家乡，
纷纷开了小差，只剩下千把人。项羽愁眉
不展，坐卧不安。他和大将们商量后决定
在天亮以前冲出重围，可是对身边宠爱
的虞姬却难以割舍。虞姬为他消愁劝酒，
他那驰骋疆场、身经百战的乌骓马在帐
外嘶鸣，好像也知道主人的心情。项羽叫
人将乌骓马牵来，抚摸着它的鬃毛叹道：
"你跟我南征北战，驰骋疆场，今天却随
我落到这个地步！"

凄凉的深夜，项羽心乱如麻之际，面
对着绝望的前途，听着四面传来的楚歌，
不禁英雄气短，慨然泪下。胸中的悲愁再
也无法压抑，随口唱起一曲悲壮的《垓下
歌》：

力拔山兮气盖世，

时不利兮骓不逝。

骓不逝兮可奈何！

虞兮虞兮奈若何？

项羽悲壮地唱着，泪水伴着歌声，使得左右侍从都低声啜泣。虞姬劝慰道："大王啊，胜败是兵家的常事，你可以突围，回到江东去，日后再跟刘邦比个高低。赶快行动吧，不要再顾虑我们了。"说完，虞姬竟拔出宝剑自杀了。项羽悲痛难忍，泪水直流，吩咐左右把虞姬的尸首埋葬，自己立刻披好铠甲，跳上战马，乘着黑夜向外突围。这时跟随他的只有八百名亲兵了。

（二）乌江自刎

项王见虞姬已亡，自言自语道："我如果被困在这里，坐以待毙，一世英名岂不丧尽，这也太不值得了。不如趁早突围，若能返回江东，重整旗鼓，报仇雪恨，才是上策。不然战死沙场，也算死得壮烈！"于是，项王看已安葬完虞姬，强忍泪水，趁天还没亮，率亲兵八百骑，越过楚营，一路南逃。当汉兵得知此情况后，立刻报告韩信，此时天已经亮了。韩信听说项王脱逃，急令将军灌婴率领五千兵马去追击。项王也担心汉兵追来，匆忙赶到淮水边，寻船渡河，因为路上被汉军阻击，项羽的八百名亲兵，到了淮水时只剩下一百多人了。又跑了一程后，来到一个三岔路口，项羽匆忙问一个庄稼人，从哪条道儿走可以到彭城。那庄稼人知道他是霸王，故意骗他说："走左边那条路可以到彭城。"项羽按照那个人所指引的道路，带着骑兵向左边奔跑。他们越跑越觉得不对头，发现前面出现一片沼泽地，再往前走，连马蹄都难拔出来了。项羽知道受了骗，待他按原路返回的时候，

汉军已经追赶上来了。他们边战边退,当
退守到东城的时候,项羽身后只有二十八
名骑兵了,而汉军却人山人海地向他扑
来。项羽自知难以逃脱仍临危不惧,带领
二十八名骑兵想再最后拼搏一番。他从
容地对部下说:"自我起兵以来,到现在
已经八个年头了,亲身经历过七十多次战
斗,从来没有打过败仗,天下无敌,因此
做了霸王。今天竟在这里被围困,并不是
我打不过他们,是上天要我灭亡啊!"说
完准备出击,却被汉军层层包围。项羽又
对部下说:"我去取那位首将的头颅,你
们迅速转移,咱们在东边集合!"说完,
他便大喝一声,冲入敌阵,将最前边的一
员汉将斩于马下。这时又有一名汉将来战
项羽,项羽回过头来,瞪大眼睛,挥剑又
将此将劈了。汉将们见此情景,纷纷溃
逃。项羽就这样杀出重围与部下又相
聚一处,逃到了乌江岸边。这里地
处长江北岸(今安徽和县境内),

原属于楚国，乌江亭曾设于此，但地方偏僻，人迹罕至，放眼望去，唯见滔滔江水，近岸处枯苇败草，一片凄凉。二十余骑残众跟随项羽来到江畔。水流湍急，惊涛骇浪。面前是茫茫的江水，后面是无数的追兵，汉军眼看就要追上来了，江面却没有一条小船。

正在危难之际，项羽忽然看见一只小船从一边的芦苇丛中出来，撑船的是乌江亭长，亭长忙请项羽上船，表示愿意引渡项羽。项羽苦笑了一下说："当年我带了八千江东子弟，渡江而来，如今没有一个人回去，即使江东父老同情我，立我为王，我还有什么面目见他们呢？"说完把他的战马送给乌江亭

长，带领剩下的楚军拿着短刀，跟追上来的汉兵肉搏起来。他们杀了几百名汉兵，然而楚兵也一个个倒下了。项羽受了十几处重伤，已经无力再战，但汉兵只是把项羽重重围起来，因为都惧怕他的勇猛，不敢向前一步。忽然发现有数位骑将赶来，项羽认出其中一人是吕马童，凄声对他说："你我不是旧友吗？"吕马童匆匆望了项王一眼，却不敢正视。对旁边的将军王翳道："这位就是项王。"项王又说道："我听说汉王悬赏千金征我首级，并封邑万户，我今日就让你得封赏吧。"说毕，便拔剑自刎了。

霎时，鲜血喷涌，周围的土地都被染红了，但是尸首却岿然不动。天地晦冥，风云变色，江水呜咽，群雁悲鸣，似乎在哀悼英雄的死去。这幕情景极大地震慑了汉军将卒，大家目瞪口呆，无人敢移动一步。过了半晌，汉将才缓过神来，开始争夺项王尸首，甚至自相残杀，好几十人因此毙命，最终王翳夺取了头颅，吕马童与杨喜、吕

胜、杨武等四将，分别夺取一部分躯体，奉献给汉王报功。汉王命凑合五体，确实相符，便立刻分封五人。命吕马童为中水侯，王翳为杜衍侯，杨喜为赤泉侯，杨武为吴防侯，吕胜为涅阳侯。

后来，刘邦下令就在谷城西角厚葬项王，并亲自发丧。还命文吏写了一篇祭文，声称曾经情同手足，本无仇怨，拘太公、吕后而不杀、不犯，留养两年，盛情尤见，泉下有知等语。临祭读文，汉王也不禁潸然泪下，将士等也都被打动，祭祀完毕便返回。

今河南省河阳县有项羽墓，项羽自刎的地方，便在今日的乌江浦，在安徽省和县东北。霸王别姬，乌江自刎，最为悲壮，其情苍凉，令人悲咽。但是，项羽的残暴也丝毫不逊色于其英雄气概。项羽之坑降卒，杀子婴，弑义帝，种种不仁，其败亡也是自取其祸。项羽之败，其罪非战，亦非天，而在其暴。

（三）胜败的缘由

历时四年的楚汉战争，最终以刘邦的胜利宣告结束。公元前206年，刘邦正式即位，为汉高祖，国号为汉。

刘邦作了皇帝以后，有一天在皇宫里大宴群臣。酒喝到一半的时候，汉高祖说："今天是个好日子，不比平常，我们可以随便聊聊，说话不必顾忌。你们说，我为什么能够得到天下，项羽为什么失掉天下了呢？"群臣中王陵站起来答道："表面上看起来，陛下待人怠慢，项羽仁爱部下。可是陛下使人攻城略地，每次胜利

后，都对将士记功奖赏，这就是陛下得天
下的原因。而项羽嫉贤妒能，加害有功
者，怀疑有才能的人，打胜仗不奖功，得
了地后也不封赏，所以他失掉了天下。"
刘邦听后却说："你们只知其一，不知其
二。要知道，战争的成败主要在于用人。
若说分析形势，制订作战计划，坐在军帐
中也对千里以外的战局了如指掌，我不
如张良；镇守后方，安抚百姓，筹备军用
粮食，输送兵员，支援前方，我不如萧何；
统领百万大军，开战就打胜仗，攻城就能
拿下来，我不如韩信。他们三位都是杰出
的人才，我能够重用他们，发挥他们的作

用，才是我取得天下的主要原因啊。项羽只有一个范增，还不能尽其才，所以才被我打败，这是他失去天下的主要原因。"这次宴会无疑是刘邦经历楚汉之争后对取胜原因所做的最有力的总结。

经历了秦末农民大起义，各方割据势力争霸的战争和刘邦与项羽争夺天下的楚汉之争，汉王朝得以建立。国家重新恢复统一后，给历经连年战争之苦，承受沉重灾难的人民带来了久违的和平与安宁，人们终于过上了渴望已久的太平日子，生活逐渐富足。统治者吸取秦朝灭亡的教训，对百姓推行"休养生息"的政策，使人民恢复生产，安居乐业。经过几十年的发展，汉王朝出现了我国历史上封建时代的第一次盛世，史称"文景之治"。